NOVENAS PARA TODO EL AÑO

P. Enrique Escribano

Primera edición
Guayaquil, Ecuador, 15 de julio de 2025
Versión 2.01

Shoreless Lake Press

© 2025 Shoreless Lake Press
ISBN 978-1-953170-52-1
Ninguna parte de esta publicación puede ser reproducida por ningún medio sin el previo permiso por escrito del poseedor de los derechos.

Introducción

Las novenas que contiene este libro intentan cubrir la mayor parte del año. No todo el año, pero casi todo el año.

Son novenas breves, con una sola idea en cada día de la novena.

Algunas novenas se solapan y se rezará un día de la novena conjunta el mismo día, para lo cual se buscará un resumen entre las dos.

Como es costumbre en algunos lugares, las novenas terminan un día antes de la fiesta. A veces, se añade también la fiesta si conviene para completar días.

También hay octavas y triduos para completar días en los espacios entre novena y novena. También se rezan los 40 días de cuaresma y los 31 días de mayo.

Debido a las fiestas que cambian de fecha, en algunas novenas se advierte que puede haber otra novena que coincida con la primera, como por ejemplo San José que puede estar antes o después de empezar los 40 días de cuaresma.

Si no hay oración final se sugiere rezar un avemaría o lo que parezca oportuno.

Se comienza, con el año litúrgico, con la novena de la Inmaculada, desde el 29 de noviembre. Se termina con la de Cristo Rey, cuya fiesta es el último domingo de tiempo ordinario.

La Inmaculada (8 de diciembre)

Día primero (29 de noviembre)
"En el sexto mes fue enviado el ángel Gabriel de parte de Dios a una ciudad de Galilea llamada Nazaret".

En Nazaret vivía una preciosa joven que jamás imaginó lo que le pediría Dios. La joven mientras tanto se preparaba mientras ayudaba en las tareas de la casa, y aprendía a dar cariño en el hogar, procurando hacer todo, lo mejor posible.

Cumpliendo lo mejor posible nuestros deberes, como estudiar, trabajar, servir a quienes nos rodean, nos preparamos para conocer y amar nuestra misión en este mundo.

Día segundo (30 de noviembre)
"A una virgen desposada con un varón de nombre José, de la casa de David, y el nombre de la virgen era María".

María le contó a José que quería, siguiendo una divina inspiración, permanecer perpetuamente virgen. José, habiendo comprendido que los dos harían un ofrecimiento supremo a Dios, se alegró con aquel deseo de su prometida.

Dios quiere que la mayoría de los hombres y mujeres se unan en Santo Matrimonio, pero algunas personas se consagran a Él. En todo caso, Dios nos pide todo nuestro amor reflejado en la entrega en nuestra vocación.

Día tercero (1 de diciembre)
"Y habiendo entrado donde ella estaba, le dijo: Dios te salve, llena de gracia, el Señor es contigo".
A María Dios le había dado todo lo preciso para ser una mujer excepcional: una excelente salud, una belleza suprema, una gran inteligencia, una firme voluntad, un inmenso corazón y sobre todo la plenitud de la gracia. Por eso el ángel la llamó "llena de gracia", y por esta causa la Iglesia la proclama "Inmaculada". Esto es: sin mancha alguna de pecado.
A todos el Señor nos da lo necesario para que seamos santos, pero como pecadores, tenemos que purificarnos muchas veces. Si es preciso, recurriendo al Sacramento de la Penitencia.

Día cuarto (2 de diciembre)
"Ella se turbó al oír estas palabras, y consideraba qué significaría esta salutación".
María se turbó porque San Gabriel, en lugar de proclamar lo que el Señor había hecho, destacara lo poquito que ella había puesto de su parte y llegó a tener temor. No de Dios, sino de no poder cumplir lo que el Señor quisiera.
Lo que el Señor concede a cada uno, del alma o del cuerpo, tiene como fin que le sirvamos y le amemos. Si sentimos algo de temor por lo que Dios pueda pedirnos, no debemos sorprendernos: es lo mismo que sintió la Virgen.

Día quinto (3 de diciembre)
"Y el ángel le dijo: No temas, María, porque has hallado gracia delante de Dios. Concebirás en tu seno y darás a luz un hijo, y le pondrás por nombre Jesús".
El arcángel le dio la gran noticia: Dios quería hacerla Madre. Esto le sorprendió, porque habiéndole inspirado Dios la ofrenda de su virginidad, aquello de tener un hijo resultaba poco razonable, pero como sólo ansiaba hacer la voluntad de Dios y no la suya, escuchó serenamente.
En la oración mental Dios nos habla con palabras que no suenan. Sólo oyendo a Dios en la oración, con humildad y sin desalentarnos, acabaremos entendiendo lo que el Señor quiere de nosotros.

Día sexto (4 de diciembre)
"Será grande y será llamado Hijo del Altísimo; el Señor Dios le dará el trono de David, su padre, reinará eternamente sobre la casa de Jacob, y su reino no tendrá fin".
Llamar al niño que concebiría "Hijo del Altísimo" era igual que proclamarle Hijo de Dios; por tanto se enteró perfectamente de que sería el Mesías. Aquello requería de María mucha fe.
A veces lo que Dios nos pide puede parecernos poco razonable. No nos desconcertemos, llevémoslo a la oración y pidamos al Señor su luz.

Día séptimo (5 de diciembre)
"María dijo al ángel: ¿De qué modo se hará esto, pues no conozco varón?"
Recordando que el Señor le había sugerido que fuera siempre virgen, y desando vivir la pureza, María preguntó: ¿cómo haría Dios-Padre para hacerla Madre de su Hijo?
María mostró el camino para vivir la pureza para servir a Dios, y así poder acudir a Ella para que las pasiones no nos tiranicen y nos apartemos de los ejemplos malos, de las conversaciones sucias, y de mirar lo que disgusta a Dios.

Día octavo (6 de diciembre)
"Respondió el ángel y le dijo: El Espíritu Santo descenderá sobre ti y el poder del Altísimo te cubrirá con su sombra; por eso, el que nacerá será llamado Santo, Hijo de Dios".
Conocido el plan de Dios, llegó para la joven el momento de entregar su corazón. Su vocación estaba clara. De modo que la entrega de su corazón, sólo apoyada en la fe, dependía de su libertad.
El Señor quiere vivir en todos los cristianos, pero para que se lleve a cabo su deseo, es preciso que nos decidamos cuanto antes.

Día noveno (7 de diciembre)
"Dijo entonces María: He aquí la esclava del Señor, hágase en mi según tu palabra. Y el ángel

se retiró de su presencia".
Por fin, la Virgen pronunció su "sí" diciendo con firmeza: "Hágase en mi según tu palabra". El Señor no se dejó ganar en generosidad: acompañó a su esclava siempre, le dio todo su Amor, la hizo muy feliz toda su vida, y después la coronó como la Emperatriz del universo.
Si somos generosos, si damos nuestro "sí" como la Inmaculada, tendremos el Amor de los amores para siempre.

Triduo a la Virgen de Guadalupe
(12 de diciembre)

Día primero (9 de diciembre)
La Virgen dijo a Juan Diego en su primera aparición: "Yo soy la siempre Virgen María, Madre del verdadero Dios, por quien se vive. Deseo vivamente que se me construya aquí un templo, para en él mostrar y prodigar todo mi amor, compasión, auxilio y defensa a todos los moradores de esta tierra y a todos los que me invoquen y en mí confíen".
Virgen de Guadalupe, todos deseamos confiar plenamente en ti para que prodigues todo tu amor, compasión, auxilio y defensa sobre todos nosotros.
Ella nos regalará todo su amor si le construimos a Ella un templo en nuestro corazón y la invocamos con frecuencia.

Día segundo (10 de diciembre)
Juan Diego marchó a toda prisa para conseguir un sacerdote a su tío pues se estaba muriendo. Al llegar al lugar por donde debía encontrarse con la Señora prefirió tomar otro camino para evitarla. De pronto María salió a su encuentro y le preguntó a dónde iba. Juan Diego avergonzado le explicó lo que ocurría. La Virgen le dijo que no se preocupara, que su tío no moriría y que ya estaba sano.
Virgen de Guadalupe, sal siempre a nuestro encuentro para que siempre estés a nuestro lado.
Si en nuestras actividades diarias siempre hacemos lo correcto con sinceridad y diligencia, nunca nos faltará su compañía.

Día tercero (11 de diciembre)
María dijo a Juan Diego que subiera a la cumbre del cerro donde halló rosas y poniéndose la tilma, cortó cuantas pudo y se las llevó al obispo. Juan Diego desplegó su manta, cayeron al suelo las rosas y en la tilma estaba pintada con lo que hoy se conoce como la imagen de la Virgen de Guadalupe.
Virgen de Guadalupe, imprime tu imagen en nuestro corazón con las rosas de nuestra buena obras.
Si somos obedientes, Dios siempre bendecirá nuestros sacrificios.

**Navidad (25 de diciembre)
Basada en el evangelio del día.
En domingo: sustituir por el tercer o cuarto domingo de adviento (en esta misma página)**

Tercer domingo de adviento
Juan Bautista no era El Mesías, el Señor, sino el que preparó los caminos del Señor.
Lo propio del adviento es prepararse para Su venida y para ello Juan Bautista puede guíanos con el ejemplo de su vida.
Vivamos pura y dignamente, y oremos sin desfallecer para que el Señor nos encuentre en vela.

Cuarto domingo de adviento
El arcángel Gabriel visitó a María y también a José. María visitó a Isabel. Todos se sorprendieron con la visita que recibieron pero todos estaban preparados.
Nosotros, ante la cercana visita de Jesús, hemos de estar preparados: Hemos de hacer un examen de conciencia y, si es necesario, una confesión.

Día primero (15 de diciembre)
Juan Bautista, el precursor, preparó para muchos los caminos del Señor.
Por orgullo, podemos llegar a pensar que sin ayuda podríamos llegar hasta el Señor.
Juan Bautista, guíanos para que con humildad busquemos personas que nos guíen y aconsejen.

Día segundo (16 de diciembre)
Aunque Juan Bautista fue rechazado por muchos, era una lámpara que brillaba.
Juan Bautista, ayúdanos a ser luz en este mundo para traer esperanza.
Ante las dificultades podemos sentir la tentación de abandonar, pero por el contrario debemos de estar dispuestos a ser lámpara que brilla y así animar a los demás.

Día tercero (17 de diciembre)
Del Rey David a San José hay una larga lista de descendientes. Una cadena que no podía romperse para que Jesús fuera descendiente del rey David.
San José ayúdanos a ser fieles a nuestra vocación.
Nuestras buenas obras, obligaciones y trabajos pueden ser motivo de muchas conversiones, y estas de otras más. Una cadena de conversiones que no podemos romper. Cumplamos la misión que Dios nos haya encomendado.

Día cuarto (18 de diciembre)
San José obedeció lo que el ángel del Señor le dijo. Al obedecer su decisión fue la mejor.
Cumplamos siempre lo que Dios nos mande o nos sugiera, y así nuestras decisiones serán siempre lo mejor.

Día quinto (19 de diciembre)
Zacarías no comprendía que para Dios no hay nada imposible.
María, tú que creíste al arcángel Gabriel que nada es imposible para Dios, llénanos de confianza para creer que sí es posible ser santos.
¡Emprendamos ese camino!

Día sexto (20 de diciembre)
María, en su gran generosidad, se proclamó la esclava del Señor.
Seamos generosos con nuestro tiempo y nuestro esfuerzo por los demás, y sobre todo con Jesús, dándole siempre algo de tiempo en la oración.

Día séptimo (21 de diciembre)
Isabel estaba muy contenta de que le visitara la madre de su Señor.
Hoy nos ha visitado el Señor en la Santa Misa, en la Eucaristía.
Llenémonos de gozo en la presencia del Señor y no perdamos nunca esa inmensa alegría por tan gran regalo que nos hizo.

Día octavo (22 de diciembre)
María reconoció que Dios hizo grandes cosas en ella y estaba profundamente agradecida.
Seamos conscientes de todos los regalos que hemos recibido de Dios y que nuestro agradecimiento se refleje en una respuesta generosa.

Día noveno (23 de diciembre)
Zacarías sufrió un castigo pero cuando terminó lo primero que hizo fue alabar a Dios.
Sufriremos muchas dificultades, contrariedades e injusticias.
Sufrámoslas con paciencia y no dejemos de alabar a Dios.

Reyes Magos (6 de enero)

Día primero (28 de diciembre)
"Cuando nació Jesús, en Belén de Judea, bajo el reinado de Herodes, unos magos de Oriente se presentaron en Jerusalén".
Llegar hasta Jesús es un largo camino que requiere perseverancia. Reyes Magos, acompañadme con vuestra ayuda en este largo camino para no desfallecer.
Vivamos la virtud de la perseverancia ante las contrariedades diarias.

Día segundo (29 de diciembre)
"Unos magos de Oriente se presentaron en Jerusalén y preguntaron: ¿Dónde está el rey de los judíos que acaba de nacer? Porque vimos su estrella en Oriente y hemos venido a adorarlo".
En el largo camino para adorar a Jesús, los Reyes Magos fueron guiados por una estrella.
No nos desorientemos en el camino hacia Jesús y pongamos siempre nuestra mirada en las co-

sas del cielo, no en las de la tierra, para así poder adorarlo algún día en el cielo.

Día tercero (30 de diciembre)
"Herodes mandó llamar secretamente a los Magos… diciéndoles: «Vayan e infórmense cuidadosamente acerca del niño, y cuando lo hayan encontrado, avísenme para que yo también vaya a rendirle homenaje»".
No todo el que busca al Señor lo hace con buen corazón. No todo el que dice que le va a rendir homenaje lo hace.
Que nuestra búsqueda de Jesús esté acompañada de nuestras buenas obras, las que a diario le podemos ofrecer, para que no sea solamente de palabra que le rindamos la admiración y el culto que le es debido.

Día cuarto (31 de diciembre)
"Después de oír al rey, ellos partieron. La estrella que habían visto en Oriente los precedía, hasta que se detuvo en el lugar donde estaba el niño".
Igual que un año termina, la búsqueda de Jesús también tiene un final.
Que no terminen los años de nuestra vida sin haber llegado hasta Jesús. No nos detengamos, ni menos aún retrocedamos, ni siquiera avancemos demasiado despacio. Aprovechemos siempre el tiempo presente.

Día quinto (1 de enero)
"Cuando vieron la estrella se llenaron de alegría".
Algunas veces con nuestros pecados nos alejamos del camino. Es un gran motivo de alegría volver a tomar ese camino que nos conduce a Jesús.
Al comenzar un nuevo año, retomemos nuestra vida cristiana con la alegría de una nueva ilusión de santidad; y que María, Madre de Dios y madre nuestra, nos acompañe.

Día sexto (2 de enero)
"Al entrar en la casa, encontraron al niño con María, su madre".
Encontrar a María es también encontrar al niño Jesús.
Mejoremos nuestra devoción a la Virgen María para así encontrar a su Hijo.

Día séptimo (3 de enero)
Los Reyes Magos "postrándose, le rindieron homenaje" al niño Jesús.
Cada vez que estemos en presencia de Jesús, frente a la Sagrada Eucaristía, adorémosle con la más profunda y humilde devoción.

Día octavo (4 de enero)
Los Reyes Magos "abriendo sus cofres, le ofrecieron dones: oro, incienso y mirra".

Muchas veces acudimos a Jesús buscando su ayuda, pero pocas para ofrecerle algún regalo.
Ofrezcamos a Jesús: nuestro tiempo como oro de nuestras vidas, nuestras oraciones como incienso ofrecido a Dios, y nuestros sufrimientos como mirra.

Día noveno (5 de enero)
Los Reyes Magos, "como recibieron en sueños la advertencia de no regresar al palacio de Herodes, volvieron a su tierra por otro camino".
Cuando queremos cambiar de vida, necesitamos, tras conocer a Jesús, dejar nuestros antiguos caminos.
Dejemos nuestros caminos de pecado para que después de visitar a Jesús emprendamos un nuevo camino de santidad.

San Francisco de Sales (24 de enero)

Día primero (15 de enero)
Palabras de San Francisco de Sales: "Ten paciencia con todas las cosas, pero sobre todo contigo mismo". Muchas veces nuestros propósitos de ser mejores fracasan.
Ante nuestros fracasos continuos no caigamos en la desesperanza, y no dejemos de luchar por avanzar en el camino del Señor con perseverancia inquebrantable.

Día segundo (16 de enero)
Palabras de San Francisco de Sales: "No debemos corregir nunca dejándonos llevar por nuestros sentimientos, sino únicamente por nuestra caridad". Corregir es un acto de caridad, pero por más razón que tengamos en corregir, es necesario hacerlo también con caridad.
No seamos un obstáculo para los demás, sino una luz que ilumine sus vidas.

Día tercero (17 de enero)
Palabras de San Francisco de Sales: "En esta vida la paciencia ha de ser el pan de cada día".
En todo momento hay que vivir la paciencia. El mismo Dios tiene paciencia con nosotros.
Vivámosla, especialmente ante la gente llena de desesperanza o de ira, para que podamos darles paz a su corazón.

Día cuarto (18 de enero)
Palabras de San Francisco de Sales: "Las riquezas son verdaderas espinos; ellas punzan con mil espinos al adquirirlas, con muchas inquietudes conservándolas, con muchos disgustos gastándolas, y con muchos pesares perdiéndolas".
Nuestro corazón fácilmente se llena de las cosas de este mundo.
Valoremos y aspiremos a las cosas del cielo y a poner en ellas nuestro corazón.

Día quinto (19 de enero)
Palabras de San Francisco de Sales: "Nadie llega jamás a la inmortalidad sino por el camino de la aflicción, y he aquí un gran motivo de consuelo para todo en nuestras penas".
Son muchos los sacrificios que hemos de realizar constantemente.
Asumamos los sufrimientos diarios y la cruz de cada día, con el consuelo de saber que ese es el camino para alcanzar la eterna alegría del cielo.

Día sexto (20 de enero)
Palabras de San Francisco de Sales: Son "bienaventurados los corazones flexibles, porque no se romperán".
Uno se hace fuerte cuando comprende las debilidades ajenas.
Seamos comprensivos con los demás, vivamos sus cruces y tengamos paciencia con sus defectos, y así tendremos la virtud de la fortaleza.

Día séptimo (21 de enero)
Palabras de San Francisco de Sales: "No saber mostrarse bueno con los malos es una prueba de que no es uno bueno del todo".
Qué fácil es ser duro con los demás, y qué difícil serlo con uno mismo.
Busquemos siempre la justicia pero sin caer en los rencores o resentimientos que quieren envenenar nuestro corazón.

Día octavo (22 de enero)
Palabras de San Francisco de Sales: "Las mismas miserias de la vida se convierten en delicias celestiales si sabemos encontrar en ellas el placer de cumplir la voluntad de Dios".
Qué fácil es querer vivir la propia vida, y por ello, perderla.
No nos dejemos llevar por nuestros egoísmos, y seamos dóciles a los designios divinos que nos conducen a la verdadera felicidad.

Día noveno (23 de enero)
Palabras de San Francisco de Sales: "La mansedumbre y la humildad son el cimiento de la adquisición de todas las demás virtudes, pues sólo puede dominarse a sí mismo aquél que reconoce su flaqueza y está dispuesto a doblegar la voluntad".
Qué difícil es reconocer nuestras faltas.
Aceptemos nuestros errores humilde y mansamente, para luego poder erradicarlos muriendo a nosotros mismos.

Presentación (2 de febrero)
Lc 2, 22-40

Día primero (24 de enero)
"Transcurrido el tiempo de la purificación de María, según la ley de Moisés, ella y José llevaron al niño a Jerusalén para presentarlo al

Señor".
María, tú que eres la más pura, y aun así cumpliste con el tiempo de la purificación.
Que nuestros corazones no se manchen con el pecado y nosotros vivamos con pureza de corazón, para así poder ser presentados algún día en el templo del cielo.

Día segundo (25 de enero)
Llevaron al niño al templo de acuerdo con lo escrito en la Ley: "Todo primogénito varón será consagrado al Señor, y también para ofrecer, como dice la ley, un par de tórtolas o dos pichones".
María, tú te sometiste obedientemente a la ley de Moisés.
Cumplamos los diez Mandamientos en toda su integridad.

Día tercero (26 de enero)
"Transcurrido el tiempo de la purificación de María, según la ley de Moisés, ella y José llevaron al niño a Jerusalén".
María, tú siendo la más pura, sin embargo aceptaste un tiempo de purificación, pasando ante el mundo por pecadora.
No tengamos nunca miedo de lo que el mundo piense o diga de nosotros; tengamos siempre la valentía de defender nuestra fe.

Día cuarto (27 de enero)
"María y José llevaron al niño a Jerusalén para presentarlo al Señor".
María, tú ofreciste al Señor lo que más amas, tu propio Hijo.
Ofrezcamos, con la ayuda de María, lo que más nos cuesta entregar a su Hijo, para que Él sea siempre lo primero.

Día quinto (28 de enero)
José y María entraban en el templo con el niño Jesús, y "Simeón lo tomó en brazos y bendijo a Dios".
María, tú entregaste a Jesús en los brazos de Simeón y con ello le diste tanta alegría.
Alcancemos esa misma alegría entregándole a Dios nuestros corazones, afectos y sentimientos, en sus brazos.

Día sexto (29 de enero)
"José y María estaban admirados" de las palabras de Simeón.
María, tú siempre viviste admirada e ilusionada con Dios y toda palabra sobre Él.
No caigamos en la tibieza o la desilusión; mantengamos el ímpetu de nuestro primer amor, y estemos siempre atentos a Su palabra.

Día séptimo (30 de enero)
Dijo Simeón a María: "Y a ti una espada te

atravesará el alma".
María, tú pacientemente escuchaste los sufrimientos que se cernían sobre ti.
Seamos pacientes en la tribulación y las contrariedades del día a día.

Día octavo (31 de enero)
Dijo Simeón a María: "Y a ti una espada te atravesará el alma".
María, tú supiste con anticipación los sufrimientos que tendrías ante tu Hijo crucificado.
Sintamos siempre el dolor de la espada del pecado que atraviesa el alma para que siempre busquemos la conversión, y alcancemos y conservemos la gracia divina.

Día noveno (1 de febrero)
"Y cuando cumplieron todo lo que prescribía la ley del Señor, se volvieron a Galilea".
María, tú te sometiste en todo obedientemente a la ley del Señor.
Seamos siempre en todo obedientes a la voluntad de Dios: en los Mandamientos y también en nuestras obligaciones diarias, familiares o laborales.

Nuestra Señora de Lourdes (11 de febrero)
Si la cuaresma empieza antes del 10 o el 11 de febrero, elegir qué tomar

Día primero (2 de febrero)
En su primera aparición en Lourdes, la Virgen pidió a Bernardette que regresara a visitarla por 18 días consecutivos.
Nosotros podemos orar todos los días con Ella. Tengamos un trato continuo con la Virgen María en la oración, para crecer en la amistad y el cariño que le tenemos.

Día segundo (3 de febrero)
La Virgen hablaba a Bernardette en su dialecto local.
La Virgen siempre nos comprenderá y siempre nos escuchará. Jamás se oyó decir que ninguno de los que han acudido a su protección haya sido abandonado.
No dejemos de elevar nuestras súplicas a la Virgen María, que siempre nos comprenderá.

Día tercero (4 de febrero)
El sacerdote del lugar supo de las apariciones y le dijo a Bernardette que para estar seguros era preciso un milagro. Cuando Bernardette se lo dijo a la Virgen, ésta sonrió sin decir palabra alguna, pero realizó muchos milagros.
Comportémonos de tal forma que Ella siempre pueda sonreír.

Día cuarto (5 de febrero)
La Virgen, en sus apariciones, tenía las manos

juntas y llevaba el Santo Rosario.
Su disposición para la rezar nos muestra el camino de la oración.
Oremos sin desfallecer, tal como también nos lo pidió su Hijo.

Día quinto (6 de febrero)
La Virgen pidió rezar por los pecadores. Su Hijo no vino a por los justos sino a por los pecadores.
Supliquemos a la Virgen María por todos nosotros: para que nos libre del pecado, y nosotros colaboremos con nuestro esfuerzo para poder compartir con ella, la más pura, en el cielo.

Día sexto (7 de febrero)
La Virgen dijo: "¡Penitencia, penitencia, penitencia!".
Nuestros pecados requieren mucha penitencia.
Aborrezcamos los pecados del pasado, confesémoslos y hagamos penitencia por ellos para que borremos toda pena que nos quede por cumplir.

Día séptimo (8 de febrero)
La Virgen dijo: "Yo también te prometo hacerte dichosa, no ciertamente en este mundo, sino en el otro".
Es necesario aceptar la Cruz para ser feliz.
Tomemos la cruz de cada día con alegría, para que así lleguemos a ser dichosos en el cielo.

Día octavo (9 de febrero)
La Virgen dijo: "Yo soy la Inmaculada Concepción". Tan solo cuatro años antes se definió el dogma de la Inmaculada Concepción.
La Virgen nos mostró su agradecimiento.
Seamos agradecidos de tantas cosas que recibimos de Ella y de su Hijo.

Día noveno (10 de febrero)
La Virgen dijo: "Yo soy la Inmaculada Concepción".
Ella no conoció el pecado, ni siquiera el pecado original que afecta a toda persona humana.
En medio de tanta suciedad en el mundo, mantengamos siempre nuestro corazón puro como el Inmaculado Corazón de María.

Nuestra Señora de Lourdes. Día de la fiesta Día del enfermo (11 de febrero)
Oración por los enfermos:
¡Oh amabilísima Virgen de Lourdes!, patrona de los enfermos.
Para todos ellos, alcanzad de vuestro Divino Hijo Jesucristo la deseada salud, si ha de ser para mayor gloria de Dios, pero mucho más la paciencia y la fortaleza en los sufrimientos.
Alcanzadles la salud del alma: un alma limpia de pecado y dispuesta siempre para entrar en el cielo.

40 días de cuaresma
Coincidiendo con el evangelio del día
Miércoles de ceniza a Domingo de Ramos
(fechas: entre 5-2 a 20-3 y 22-3 a 25-4)
También un día para la Cátedra de San Pedro, San José y La Anunciación.
Ver a continuación
(fechas: 22-2, 19-3 y 25-3)
También puede intercalarse la novena de San José
Ver páginas 42 a 44
(fechas: 10-3 a 19-3)

22 de febrero
Cátedra de San Pedro (Mt 16, 13-19)
Muchos vieron en Jesús a alguien maravilloso, pero pocos percibieron cuán maravilloso es.
Huyamos de conformarnos con conocerle un poco nada más. Profundicemos en la oración para percibir Su verdadera grandeza.

19 de marzo
San José (Mt 1, 16.18-21.24a)
San José, tú fuiste obediente al ángel, y con ello aceptaste a María como esposa y a su Hijo como tuyo, asumiendo tan grande responsabilidad.
Asumamos nuestras responsabilidades con la misma dedicación de San José: como si se tratara de cuidar de Jesús y de María.

25 de marzo
La Anunciación (Lc 1, 26-38)
Los planes de Dios superan nuestra imaginación. Para Dios no hay nada imposible y la Virgen María aceptó colaborar en los maravillosos planes de Dios.
Colaboremos en el maravilloso plan de Dios de nuestra santidad, con todo lo que eso implica, por mucho que nos parezca imposible.

Miércoles de ceniza (Mt 6, 1-6.16-18)
Comienza la cuaresma: tiempo de limosna, sacrificio y oración. Necesitamos prepararnos, ya que somos peregrinos en este mundo, y algún día seremos polvo como la ceniza.
Volvámonos al Señor de todo corazón. Convirtámonos a través de la caridad, la penitencia y la oración.

Jueves después de ceniza (Lc 9, 22-25)
La tentación de seguir nuestra propia vida es fuerte, pero el que busque su propia vida la perderá. Necesitamos tomar la cruz de cada día.
No nos guiemos por mundanos criterios o buscando ganar el mundo, sino guiados por los mandamientos divinos, no sólo cumpliéndolos sino amándolos y gozándonos en ellos.

Viernes después de ceniza (Mt 9, 14-15)
La ausencia del Señor nos hace anhelar su pre-

sencia. Anhelamos poder compartir con el Señor en el cielo.
Que la ausencia del Señor no esté motivada por nuestros pecados. Si es necesario acudamos a la confesión. Tengamos esperanza de que algún día tendremos para siempre Su presencia.

Sábado después de ceniza (Lc 5, 27-32)
Si no tienen necesidad de médico los sanos sino los enfermos, entonces nosotros, pecadores, tenemos necesidad de Ti.
Acerquémonos al Señor en la confesión, para darle la oportunidad de curar nuestras heridas, sanándonos del pecado, y quedar libres del mal.

Primer domingo de cuaresma
(Mt 4,1-11; Mc 1, 12-15; Lc 4,1-13)
Señor, Tú sufriste las tentaciones en el desierto mostrando que se pueden vencer.
Con la gracia de Dios, rechacemos toda tentación, y así saldremos más fortalecidos.

Lunes de la primera semana de cuaresma
(Mt 25, 31-46)
Quisiéramos que algún día podamos oír de tu voz: "Vengan benditos de mi Padre; tomen posesión del Reino preparado para ustedes desde la creación del mundo". Para ello, hemos de saber ver a Jesús en los demás.
Tratemos al prójimo como si fuera el Señor.

Martes de la primera semana de cuaresma (Mt 6, 7-15)

Algunas veces ¡qué difícil es perdonar! Y sin embargo ¡Qué fácil ser perdonado por Dios!
No guardemos rencores ni resentimientos: perdonemos de corazón.

Miércoles de la primera semana de cuaresma (Lc 11, 29-32)

No podemos ser gente perversa que pida una señal como condición para seguir a Jesús. Son muchos los regalos que nos hace día tras día.
Vivamos la presencia de Dios durante todo el día para contemplar siempre Sus grandezas.

Jueves de la primera semana de cuaresma (Mt 7, 7-12)

Tratemos a los demás como queremos ser tratados. ¡Qué duros podemos ser con los demás pero qué comprensivos con nosotros mismos!
Seamos misericordiosos con los demás: seamos comprensivos con su cansancio, sus defectos y sus errores; y así alcanzaremos de Dios misericordia.

Viernes de la primera semana de cuaresma (Mt 5, 20-26)

Para entrar en el Reino de los cielos no podemos limitarnos a un mero "no matarás". El odio o el rencor también envenenan nuestra alma.

Abandonemos la ira y tengamos paz en el corazón para tener un alma que siempre sepa amar.

Sábado de la primera semana de cuaresma (Mt 5, 43-48)
Nuestro Padre celestial hace salir el sol sobre buenos y malos, y llover sobre justos e injustos. Agradezcamos las cosas buenas que nos pasen y sobrellevemos sin renegar, y con mucha paz interior, la cruz de las cosas malas que suframos.

Domingo de la segunda semana de cuaresma (Mt 17, 1-9; Mc 9, 2-10; Lc 9, 28b-36)
En la Transfiguración, Nuestro Señor manifestó su gloria para fortalecer la fe de sus discípulos.
Para que algún día podamos ser testigos del brillo de Su gloria en el cielo, hemos de recorrer el duro camino de la Salvación.
¡Seamos valientes en la dificultad!

Lunes de la segunda semana de cuaresma (Lc 6, 36-38)
Seamos generosos con Dios. Él usará la misma medida con nosotros.
Son incontables las veces que hemos dado la espalda al Señor, pero nos queda esperar Su misericordia y Su perdón. Con el prójimo, seamos misericordiosos y perdonemos, y así alcanzaremos Su misericordia y Su perdón.

Martes de la segunda semana de cuaresma (Mt 23, 1-12)

Nunca obremos para que nos vea la gente.
No nos dejemos arrastrar por la vanidad.
Seamos los últimos y servidores de todos, pero sin vanagloriarnos de nuestras buenas obras. En el mejor de los casos, siervos inútiles somos, lo que teníamos que hacer eso hicimos.

Miércoles de la segunda semana de cuaresma (Mt 20, 17-28)

¿Somos capaces de beber el cáliz del Señor? ¿Somos capaces de aceptar los sufrimientos de cada día? Es fácil decir que sí, pero muy difícil realizarlo.
No reneguemos. Tomemos nuestra cruz, pero no caigamos en tristezas y desesperanzas. La cruz es cristiana, la tristeza no.

Jueves de la segunda semana de cuaresma (Lc 16, 19-31)

Cuando no cambiamos de vida a pesar de nuestros buenos propósitos, ni resucitando un muerto nos convenceremos.
Tomemos la firme decisión de la conversión y la de seguir fielmente todos Sus mandamientos.

Viernes de la segunda semana de cuaresma (Mt 21, 33-43.45-46)

Demasiadas veces no hemos dado el fruto que

Dios esperaba de nosotros. Demasiadas veces nos lo ha pedido y seguimos sin entregarle el fruto prometido.

Antes de perder la viña, demos ese paso definitivo en nuestra conversión con voluntad firme.

Sábado de la segunda semana de cuaresma (Lc 15, 1-3.11-32)

A pesar de pecar contra el cielo y contra Dios, si fuéramos capaces de cambiar de vida, el Señor correría hacia nosotros y echándonos sus brazos al cuello nos cubriría de besos.

Hagamos con frecuencia un examen de conciencia y entonces tengamos la valentía necesaria para cambiar de vida, y así poder experimentar los abrazos y los besos de Dios sobre cada uno de nosotros.

Domingo de la tercera semana de cuaresma (Jn 4, 5-15.19-26.39.40-42; Jn 2, 13-25; Lc 13, 1-9)

El Señor ante nuestros defectos, a veces nos trata con dulzura, como a la samaritana; a veces con dureza, como cuando echó con el látigo a los mercaderes del templo, pero siempre lo hace esperando que cambiemos, dándonos, como a la higuera estéril, una oportunidad más.

No desaprovechemos esta oportunidad que Él nos da hoy.

Lunes de la tercera semana de cuaresma
(Lc 4, 24-30)
Nadie es profeta en su tierra.
Nosotros que nos acercamos al Señor con frecuencia tenemos el peligro de perder el sentido de admiración ante su presencia.
Conservemos la ilusión de tener a Dios entre nosotros, de tenerlo en el Sagrario, y acerquémonos a los sacramentos con profunda devoción, manteniendo siempre nuestros deseos de santidad.

Martes de la tercera semana de cuaresma
(Mt 18, 21-35)
Señor, no podemos pagarte tantos bienes que hemos recibido de ti.
Por ello, permítenos pagarte con nuestras pequeñas ayudas a los demás. Que nunca se las neguemos. Que tengamos siempre compasión con el prójimo. Pero sobre todo, Señor, ten paciencia con nosotros y te lo pagaremos todo.

Miércoles de la tercera semana de cuaresma
(Mt 5, 17-19)
El amor que le tenemos a Dios no nos exime de cumplir los mandamientos. Al contrario, no se puede amar a Dios sin cumplirlos.
Cumplamos la voluntad de Dios, especialmente de aquellos mandatos que más nos cuestan.

Jueves de la tercera semana de cuaresma
(Lc 11, 14-23)

El que no está con Dios, está contra Él; y el que no recoge con Él, desparrama.

Sólo hay dos posibilidades: con Él o contra Él. No existe término medio.

Tomemos el verdadero camino para estar siempre contigo. Alejémonos del mal y no caigamos tampoco en la trampa de la tibieza y la mediocridad.

Viernes de la tercera semana de cuaresma
(Mc 12, 28b-34)

Amar a Dios con todo el corazón, no es amarlo con la mitad ni con "casi" todo el corazón.

Decidirse a seguirlo es una decisión que nos compromete por completo.

Corrijamos lo que está mal, empezando por lo que más nos cuesta, para que nuestra entrega sea total.

Sábado de la tercera semana de cuaresma
(Lc 18, 9-14)

Señor, apiádate de nosotros que somos pecadores.

No nos pasemos la vida buscando los defectos de los demás sino busquémoslos en nosotros mismos, porque sólo así podemos corregirlos y avanzar.

Domingo de la cuarta semana de cuaresma
(Jn 9,1-41; Jn 3,14-21; Lc 15,1-3.11-32)
Los verdaderos ciegos no son los que no tienen visión sino los que no son capaces de ver cuánto amó Dios al mundo que le entregó a su Hijo.
Por ello, cada uno de nosotros ha de volverse, como hijo pródigo, hacia Dios, que tanto nos ama.
No seamos ciegos al amor que Dios nos tiene, y volvámonos hacia Él de todo corazón.

Lunes de la cuarta semana de cuaresma
(Jn 4, 43-54)
Dios nos hace muchos regalos por los que podemos creer en Él, pero muchas veces podríamos vernos tentados a condicionar nuestra fe a prodigios, milagros o favores.
Tengamos una fe incondicional en el Señor y que las dificultades de este mundo, no solamente no hagan tambalear nuestra fe, sino que la fortalezcan.

Martes de la cuarta semana de cuaresma
(Jn 5, 1-3a.5-16)
El paralítico de la piscina llamada Betesda llevaba 38 años esperando su curación.
Perseveremos en la lucha contra el pecado y tengamos mucha paciencia para seguir toda nuestra vida insistiendo en alcanzar la santidad.

Miércoles de la cuarta semana de cuaresma
(Jn 5, 17-30)
Jesús reconocía que no actuaba por su cuenta y que solamente hacía lo que veía hacer al Padre.
Nosotros también debemos imitarlo.
Seamos valientes y sigamos el ejemplo del Señor, aunque el mundo no nos comprenda o se ría de nosotros.

Jueves de la cuarta semana de cuaresma
(Jn 5, 31-47)
Las obras que Jesús realizó entre nosotros son las que dan testimonio de Él.
Nuestra fe no se basa en fantasías sino en obras. Tener fe compromete toda nuestra vida.
Tengamos una fe firme, dando testimonio con nuestro buen comportamiento y nuestras buenas obras.

Viernes de la cuarta semana de cuaresma
(Jn 7, 1-2.10.25-30)
Algunos creían conocer quién era Jesús y de dónde venía.
Siempre tenemos el peligro de creer que conocemos a Jesús, y que sin embargo, nuestras vidas estén lejos de Él. Sólo lo conoceremos bien si estamos cerca y lo tratamos siempre.
Seamos constantes en la oración, y así podremos hablarle y tratarle todos los días, para conocerlo de verdad.

Sábado de la cuarta semana de cuaresma
(Jn 7, 40-53)
Los que escuchaban a Jesús quedaban asombrados. Hasta los guardias del templo cuando escucharon a Jesús quedaron atónitos.
Hagamos bien nuestra oración: escuchémosle, de modo que Sus palabras nos asombrarán y serán maravilla para nuestras vidas.

Domingo de la quinta semana de cuaresma
(Ciclo A: Jn 11, 3-7.17.20-27.33-45)
Del mismo modo que Jesús gritó a Lázaro "sal fuera" del sepulcro y éste salió con dificultad por las vendas que llevaba, así también Jesús nos grita a nosotros que salgamos de nuestra vida de pecado.
Obedezcamos a los gritos que el Señor no dirige y desprendámonos de todas las vendas y obstáculos que nos impiden caminar hacia Él.
(Ciclo B: Jn 12, 20-33)
Para que el grano de trigo dé fruto debe morir. Sin embargo, ¡qué trabajo cuesta morir a nosotros mismos, a nuestros caprichos, defectos y pecados! Nos da miedo entregar, nos da miedo el sacrificio.
Tengamos la valentía necesaria de enfrentarnos a nuestros defectos.
(Ciclo C: Jn 8, 1-11)
Vemos muchos males y pecados a nuestro alrededor y podemos vernos tentados de lanzar pie-

dras contra los injustos y malvados, pero el que esté sin pecado que tire la primera piedra.

Seamos conscientes de que nosotros también somos parte de la maldad que hay en este mundo, pero que el Señor no nos condena, aunque nos dice "no peques más".

Renunciemos al pecado.

Lunes de la quinta semana de cuaresma
(Ciclos A y B: Jn 8, 1-11)

Vemos muchos males y pecados a nuestro alrededor y podemos vernos tentados de lanzar piedras contra los injustos y malvados, pero el que esté sin pecado que tire la primera piedra.

Seamos conscientes de que nosotros también somos parte de la maldad que hay en este mundo, pero que el Señor no nos condena, aunque nos dice "no peques más".

Renunciemos al pecado.

(Ciclo C: Jn 8, 12-20)

Cuando nos falta Su luz caminamos en tinieblas. Cuando caminamos en tinieblas tropezamos y caemos.

La gracia y la doctrina cristiana iluminan nuestro camino.

No perdamos esa luz con nuestros pecados, y confiemos en el camino que nos marca su doctrina, y así podremos contemplar algún día la luz de Su rostro.

Martes de la quinta semana de cuaresma
(Jn 8, 21-30)

Ante muchos judíos incrédulos, Jesús se presentó como enviado del Padre haciendo siempre lo que le agrada.

Nosotros deberíamos presentarnos ante el mundo como enviados por el Señor haciendo siempre lo que le agrada.

Agrademos al Señor cumpliendo Su voluntad.

Miércoles de la quinta semana de cuaresma
(Jn 8, 31-42)

Como dijo Nuestro Señor: "El que peca es esclavo del pecado,... pero si somos fieles a la palabra de Dios conoceremos la verdad y la verdad nos hará libres".

¡Qué ingenuidad creer que no cumpliendo la Ley de Dios se es libre! Y sin embargo, eso nos haría esclavos del pecado.

Cumplamos siempre todos los mandamientos.

Jueves de la quinta semana de cuaresma
(Jn 8, 51-59)

Cuando dijo el Señor "el que es fiel a mis palabras no morirá para siempre", los judíos le dijeron que estaba endemoniado.

El pecado lleva a la ceguera y la ceguera puede llevar a aborrecer la luz y la verdad.

No nos acostumbremos a nuestros pecados y mantengamos siempre la ilusión de la santidad.

Viernes de la quinta semana de cuaresma
(Jn 10, 31-42)
"Los judíos agarraron piedras para apedrear a Jesús".
Esa actitud se ve absurda con tantas obras buenas de Nuestro Señor, y sin embargo, nosotros mismos le apedreamos cada vez que pecamos actuando de manera absurda ante tantos regalos que Dios nos da.
Apreciemos esos regalos para nunca más pecar.

Sábado de la quinta semana de cuaresma
(Jn 11, 45-56)
Los fariseos tenían miedo de que la presencia de Jesús les hiciera perder su posición y su poder.
Dejarse arrastrar por miedo a las exigencias de la vida cristiana acaba en un rechazo a Jesús.
En medio de los peligros que nos acechan en este mundo, no permitamos que el miedo domine nuestras vidas, para así siempre aceptarle.

Domingo de Ramos
(Mt 21, 1-11; Mc 11, 1-10; Lc 19, 28-40)
Las multitudes alfombraban con sus mantos el camino del Señor a su paso mientras gritaban ¡Hosanna en el cielo!
Demos buen ejemplo para facilitar que Él pueda llegar a las multitudes, y así todos le aclamaremos en el cielo como bendito y alabado.

Lunes Santo (Jn 12, 1-11)
María ungió al Señor con perfume auténtico y toda la casa se llenó de la fragancia.
Sirvamos al Señor con buenas obras para que su fragancia pueda inspirar en nuestra familia muchos y grandes deseos de santidad.

Martes Santo (Jn 13, 21-33.36-38)
Por más tiempo que llevemos junto a Nuestro Señor, no podemos confiarnos.
Los más cercanos le negaron tres veces y hasta le traicionaron.
Perseveremos día tras día, seamos fieles hasta el final.

Miércoles Santo (Mt 26, 14-25)
¡Qué horrible nos parece la traición de Judas Iscariote!
Sin embargo, por mucho menos de treinta monedas, con un pecado, le traicionamos.
Veamos todo pecado aborrecible.

San José (19 de marzo)

Día primero (10 de marzo)
San José, por la oración, recibió prudentemente a su Santísima esposa a pesar de muchas incertidumbres y perplejidades.
Actuemos con la debida prudencia al afrontar las decisiones del día a día, y no dejemos de

llevar nuestros problemas a la oración, contándoselos al Señor.

Día segundo (11 de marzo)
San José recibió, con responsabilidad de padre, al Rey de universo, en el pobre y humilde portal de Belén.
Sobrellevemos las miserias y dificultades del día a día con perseverancia y esperanza.

Día tercero (12 de marzo)
San José escuchó con paciencia la profecía de Simeón que adelantaba una espada de dolor para su esposa, la Virgen María.
Compartamos los sufrimientos de los demás con paciencia y amor, llorando con los que lloran, para ser para ellos un gran consuelo de sus corazones.

Día cuarto (13 de marzo)
San José emprendió un largo camino a Egipto para librar al niño Jesús de cualquier daño.
Aceptemos cualquier sacrificio para evitar todo daño en nuestro cuerpo o en nuestra alma.

Día quinto (14 de marzo)
San José se preocupó del sustento de la Virgen María y del niño Jesús.
Busquemos siempre el sustento espiritual y alimentémonos de la gracia de la comunión.

Día sexto (15 de marzo)
San José compartió muchos años junto a la Virgen María y a Jesús.
No perdamos nunca la compañía de ellos, y si es necesario recurramos a la confesión.

Día séptimo (16 de marzo)
San José sufrió la pérdida de Jesús y lo buscó con la Virgen María, durante tres días.
En los momentos difíciles no perdamos la esperanza y confiemos en la providencia divina.

Día octavo (17 de marzo)
San José fue el castísimo esposo de la Virgen María.
Vivamos con un corazón limpio para amar con pureza a la Virgen María y a su hijo Jesús.

Día noveno (18 de marzo)
San José fue cabeza de la Sagrada Familia, de la que cuidó en todo momento con tanto cariño y devoción.
Cuidemos nuestras familias con la misma dedicación y amor.

San José. Día de la fiesta (19 de marzo)
San José, adóptanos como hijos tuyos, para que teniendo como madre a la Virgen María y a Jesús como nuestro hermano, estemos siempre bajo vuestro cuidado y protección.

Nos portaremos como dignos hijos tuyos.

Santa Catalina de Siena (29 de abril)

Día primero (20 de abril)
Fue siempre extraordinario el amor de Santa Catalina a la Virgen María. Desde los cinco años rezaba el avemaría subiendo y bajando las escaleras arrodillándose en cada escalón. Era una niña alegre y graciosa.
Tengamos un gran amor a la Virgen María y que siempre nos llene de alegría su presencia.

Día segundo (21 de abril)
Con seis años, Catalina tuvo una visión: El Señor la miraba y la bendijo. Su hermano la llamó y la visión desapareció, y dijo Catalina: "Si tú vieras lo que yo veo, no me quitarías así de esta visión, ni por todo el oro del mundo".
Saboreemos las cosas del cielo practicando las obras de piedad con devoción.

Día tercero (22 de abril)
Un día encontraron a Catalina rezando con una paloma blanca sobre su cabeza y comprendieron su cercanía con el Espíritu Santo.
Conservemos nuestra alma en gracia y cuidémonos también de los pecados veniales para no disminuir la presencia de Dios en nuestra alma.

Día cuarto (23 de abril)
Catalina dijo: "En mi vida, he elegido los dolores, y no me será difícil soportar éstos, junto con otras persecuciones en el nombre de Jesús, hasta que Dios lo permita. Y ésta será mi alegría".
No llevemos la cruz con tristeza o disgusto. Soportemos nuestras tribulaciones con alegría, sabiendo que compartimos la vida y muerte de Nuestro Señor.

Día quinto (24 de abril)
Mientras la familia de Catalina estaba en fiestas, Jesús se apareció a Catalina mientras oraba y le dijo: "Ahora que los tuyos se divierten en fiestas mundanas, yo quiero celebrar con tu alma la fiesta nupcial".
Saboreemos ya en este mundo las primicias del cielo conociendo las más grandes alegrías a través de la oración.

Día sexto (25 de abril)
Catalina siempre estuvo atenta para ayudar al que pasaba frío o hambre.
Seamos valientes para ayudar a los demás con generosidad, y empecemos por los más cercanos.

Día séptimo (26 de abril)
Murió la mamá de Catalina sin confesión. Ca-

talina le dijo al Señor: "Mientras tenga vida no me moveré de aquí hasta que me devuelvas viva a mi mamá". Ella resucitó y se confesó. Vivió hasta los 89 años de edad como firme discípula de su hija.

Llevemos muchas almas a Dios con la fuerza de nuestra oración.

Día octavo (27 de abril)
Ante calumnias y dificultades, Catalina aceptó una corona de espinas que Jesús le ofreció recibiendo la impresión de los estigmas de Cristo. Pero Cristo le dijo que le reservaría una corona de oro para el cielo.

Muchas veces huimos del sacrificio y sin pensar en los demás buscamos nuestro propio beneficio. Por el contrario, seamos fuertes para sacrificarnos por los demás, empezando por los pequeños detalles.

Sin embargo, huyamos de calumniar o difamar. No hablemos mal del prójimo.

Día noveno (28 de abril)
Palabras de Catalina: "Todos han de tener inmenso aprecio por la celebración cotidiana, digna y fervorosa, de la Eucaristía".

Tengamos un gran amor a la Santa Misa.
Lleguemos siempre a ella con la mejor disposición.

Mes de Mayo

1 de mayo
San José, cuidó de la Sagrada Familia con el esfuerzo de su trabajo. El trabajo nos santifica.
Venzamos toda pereza, y con el buen hacer de nuestras obligaciones colaboremos en los deseos de la Virgen María y de Jesús.

2 de mayo
San Atanasio defendió, con muchos sufrimientos y destierros, el dogma de la Encarnación que proclama a María como la Madre de Dios.
Defendamos con valentía nuestra fe, y tratemos a la Madre de Dios con la devoción que se merece.

3 de mayo
Felipe, Santiago y la Virgen María estaban reunidos con los demás discípulos cuando recibieron el Espíritu Santo el día de Pentecostés.
Conservemos el Espíritu Santo en nuestra alma no cayendo en la tentación y manteniéndonos libres del mal.

4 de mayo
Novena de la Virgen de Fátima: día primero
La virgen de Fátima en su primera aparición dijo: "¿Queréis ofreceros a Dios para soportar todos los sufrimientos que Él os quiera enviar,

en acto de reparación por los pecados con que Él es ofendido?".

Soportemos los sufrimientos de cada día con la alegría de saber que, quien haya reparado las penas de todos sus pecados, va directamente al cielo.

5 de mayo
Novena de la Virgen de Fátima: día segundo
La Virgen de Fátima en su primera aparición dijo: "Recen el Rosario todos los días".
Oremos todos los días; que nuestra devoción a la Virgen María se mantenga siempre perseverante en la oración.
Practiquemos las devociones marianas. Recemos el Rosario.

6 de mayo
Novena de la Virgen de Fátima: día tercero
La Virgen de Fátima en su segunda aparición dijo: "No te desanimes. Yo nunca te dejaré. Mi Inmaculado Corazón será tu refugio y el camino que te conducirá hasta Dios".
Mantengamos siempre nuestra ilusión por completar el camino que lleva hasta Dios, y vivamos la virtud de la Esperanza especialmente en la dificultad, refugiados en el corazón de la Inmaculada, sabedores de que todo lo que le pasa al cristiano es para su bien.

7 de mayo
Novena de la Virgen de Fátima: día cuarto
La Virgen de Fátima en su segunda aparición tenía enfrente de la palma de la mano derecha un corazón rodeado de espinas que parecían estar clavadas. Los niños videntes comprendieron que era el Inmaculado Corazón de María, que ultrajado por los pecados de la humanidad, necesitaba de reparación.
Tomemos conciencia del dolor que causan nuestras faltas para nunca más pecar.

8 de mayo
Novena de la Virgen de Fátima: día quinto
En la tercera aparición tuvieron una visión del infierno. La Virgen de Fátima dijo: "Visteis el infierno, a donde van las almas de los pobres pecadores. Para salvarlas, Dios quiere establecer en el mundo la devoción a mi Inmaculado Corazón".
Tomemos conciencia de la malicia que encierra el pecado para no caer nunca más.

9 de mayo
Novena de la Virgen de Fátima: día sexto
La Virgen de Fátima en su cuarta aparición dijo: "Rezad, rezad mucho y haced sacrificios por los pecadores, que van muchas almas al infierno por no haber quién se sacrifique y pida por ellas".

Oremos sin desfallecer y tomemos la cruz de cada día para la salvación de muchos.

10 de mayo
Novena de la Virgen de Fátima: día séptimo
La Virgen de Fátima en su quinta aparición dijo: "Continúen rezando el rosario a Nuestra Señora del Rosario, todos los días".
Que cada día incrementemos nuestra devoción a la Virgen María. Recemos el Rosario.

11 de mayo
Novena de la Virgen de Fátima: día octavo
La Virgen de Fátima en su sexta aparición dijo: "¡No ofendan más a Nuestro Señor que ya está muy ofendido!".
Perdonemos a los que nos ofenden para que Él también nos perdone nuestras ofensas.

12 de mayo
Novena de la Virgen de Fátima: día noveno
En la sexta aparición Lucía tenía muchas cosas para pedirle: si curaba a unos enfermos y si convertía a unos pecadores, etc. Y la Virgen de Fátima le respondió: "A unos sí, a otros no. Es necesario que se enmienden, que pidan perdón por sus pecados".
Arrepintámonos de nuestros pecados y hagamos una sincera confesión. La Virgen nos ayudará pero nosotros hemos de enmendarnos.

13 de mayo
Día de la Virgen de Fátima
En la tercera aparición la Virgen de Fátima dijo: "Si hacen lo que yo os diga, se salvarán muchas almas y tendrán paz".
Virgen de Fátima, tú dijiste en las bodas de Caná "Hagan lo que Él les diga".
Seamos obedientes a la voluntad de Dios, empezando por los Mandamientos.

14 de mayo
San Matías, la providencia divina te concedió poder ser integrado en el grupo de los apóstoles, y también pudiste conocer a la Virgen María.
Aceptemos los caminos de la providencia divina, aunque a veces sean difíciles, y así poder llegar a conocer a la Virgen María y a todos los santos en el cielo.

15 de mayo
Novena de María Auxiliadora. Día 1
María tú que eres nuestra madre cuídanos.
Madre mía de mi vida... *(ver día 23)*

16 de mayo
Novena de María Auxiliadora. Día 2
María, ayúdanos a llevar nuestras penas.
Madre mía de mi vida... *(ver día 23)*

17 de mayo
Novena de María Auxiliadora. Día 3
María, llena de paz nuestro corazón.
Madre mía de mi vida... *(ver día 23)*

18 de mayo
Novena de María Auxiliadora. Día 4
María, alivia nuestro corazón de sufrimientos.
Madre mía de mi vida... *(ver día 23)*

19 de mayo
Novena de María Auxiliadora. Día 5
María, sé nuestro consuelo en la adversidad.
Madre mía de mi vida... *(ver día 23)*

20 de mayo
Novena de María Auxiliadora. Día 6
María cuídame con tu mirada desde el cielo.
Madre mía de mi vida... *(ver día 23)*

21 de mayo
Novena de María Auxiliadora. Día 7
María, no te merezco, pero quédate conmigo.
Madre mía de mi vida... *(ver día 23)*

22 de mayo
Novena de María Auxiliadora. Día 8
María, tú que nunca has desamparado a nadie, ¡protégenos!
Madre mía de mi vida... *(ver día 23)*

23 de mayo
Novena de María Auxiliadora. Día 9
María, auxílianos en la dificultad y cuídanos.

Madre mía de mi vida
Auxilio de los cristianos
La pena que me atormenta
Pongo en tus benditas manos
    Dios te salve, María…
Tú que sabes mis secretos
Pues todos te los confío
Da la paz a los turbados
Y alivio al corazón mío
    Dios te salve, María…
¿No es verdad, Madre del alma,
Que en Ti encontraré consuelo?
¿No es verdad que tú me amas
Y me miras desde el cielo?
    Dios te salve, María…
Y aunque tu amor no merezco,
Nadie recurre a ti en vano,
Pues eres Madre de Dios
Y auxilio de los cristianos
    Dios te salve, María…
María, auxilio de los cristianos
Ruega por nosotros

24 de mayo
Fiesta de María Auxiliadora.
Y octava de la visitación. Día primero

María, tú que al visitar a tu prima Isabel, mostraste estar siempre atenta a los que necesitan tu ayuda, fija tu mirada en nosotros y ven a nosotros como María Auxiliadora.
Estemos también nosotros siempre atentos para auxiliar a los demás.

25 de mayo
Octava de la visitación. Día segundo
María, al visitar a su prima Isabel, fue dispuesta y presurosa a su encuentro,
Estemos siempre dispuestos y también presurosos para servir a los demás.

26 de mayo
Octava de la visitación. Día tercero
Cuando María visitó a Isabel, ésta se llenó del Espíritu Santo.
Acerquémonos con frecuencia a la confesión para tener el Espíritu Santo en nuestra alma.

27 de mayo
Octava de la visitación. Día cuarto
Cuando María visitó a Isabel, ésta se llenó del Espíritu Santo y su hijo saltó de gozo en su seno.
Abramos las puertas de nuestra alma a la generosidad con los demás, para que nos llenemos de gozo cuando estemos en presencia de Dios en la Comunión.

28 de mayo
Octava de la visitación. Día quinto
Cuando María visitó a Isabel, ésta dijo: "Bendita tú que has creído".
Con la ayuda de Dios, podemos ser santos. Nada hay imposible para Dios.
Pongamos los medios para conseguirlo.

29 de mayo
Octava de la visitación. Día sexto
Cuando María visitó a Isabel, ésta dijo: "¿Quién soy yo para que la Madre de mi Señor venga a visitarme?".
Seamos humildes, para que nunca olvidemos lo que Dios hace por cada uno de nosotros.

30 de mayo
Octava de la visitación. Día séptimo
María visitó a Isabel y nos dio un gran ejemplo de caridad.
Entreguemos nuestro tiempo, nuestro esfuerzo y nuestra vida a los demás.

31 de mayo
Octava de la visitación. Día octavo y fiesta
María visitó a Isabel y cantó las maravillas de Dios sobre Ella.
Acerquémonos a María para que siempre podamos escuchar en nuestro corazón las maravillas de Dios.

San Antonio de Padua (13 de junio)

Día primero (4 de junio)
Palabras de San Antonio: "Si eres fiel en las pruebas terrenas, un día contemplarás lo que jamás el ojo humano vio. Tu corazón se hinchará de infalibles alegrías. ¡Grande es tu dulzura, oh Dios! Ahora nos la escondes para que la busquemos con más afán".
Perseveremos con afán en la lucha para alcanzar las dulzuras de la gloria del cielo.

Día segundo (5 de junio)
San Antonio se ayudaba de los salmos para orar y rezaba: "Te doy gracias, Señor, de todo corazón, quiero cantar tus maravillas".
Vivamos la presencia de Dios cada día, en la oración, en el trabajo, en casa, con la familia, en mis tiempos de ocio... para agradecer a Dios nuestro Señor tantas maravillas que nos concede: los bienes de la tierra y los bienes del cielo.

Día tercero (6 de junio)
Palabras de San Antonio: "La fe es la reina de la virtudes. La fe es la vida del alma. Hay que creer amando, abandonándose a Dios".
La vida del santo fue un continuo pregón de fe. Mantengamos la fe en los momentos difíciles abandonándonos en Dios y confiando en Él.

Día cuarto (7 de junio)
Palabras de San Antonio: "Es necesario la reconciliación del pecador, la contrición de todos los pecados y la humillación. El espíritu dolorido del penitente es holocausto agradable para el Señor".
Arrepintámonos de nuestras faltas, busquemos el perdón en la confesión y permanezcamos alejados de los motivos y ocasiones de pecado.

Día quinto (8 de junio)
Palabras de San Antonio: "¡Grande es el amor que Dios nos tiene! Nos envió a su Hijo para que le amásemos. Vivir sin Él es morir, pues quien no ama está muerto".
Trabajemos un verdadero amor a Jesús para que en cada momento del día anhelemos la gloria eterna viviendo junto a Él.

Día sexto (9 de junio)
Palabras de San Antonio: "El pecado es como una araña que va extendiendo poco a poco sus hilos".
Fortalezcámonos con los sacrificios para que en los momentos de debilidad podamos vencer en la batalla diaria contra las tentaciones.

Día séptimo (10 de junio)
Palabras de San Antonio: "Es muy buena señal de predestinación el escuchar de buen grado la

Palabra de Dios. Como el desterrado, ansiando y escuchando con placer noticias de su tierra, demuestra amar a su patria, así podemos decir del cristiano que ansía escuchar a quien habla de la patria celestial"
Leamos la palabra de Dios con devoción y con el profundo deseo de escuchar atentamente lo que Él nos quieres decir.

Día octavo (11 de junio)
Palabras de San Antonio: "Vosotros sois la luz del mundo... El cristal, iluminado por los rayos del sol, los reverbera. También el creyente, iluminado por el resplandor de Cristo, debe expandir el mensaje cristiano en palabras, en ejemplos".
Seamos ejemplo para los demás; así seremos como un espejo donde se refleja Cristo, iluminando el camino que conduce hacia el cielo.

Día noveno (12 de junio)
Palabras de San Antonio: "Por la esperanza confiamos en que Dios nos dará los bienes prometidos... No obstante... nadie puede llegar a gustar la dulzura del conocimiento si antes no ha gustado la amargura del temor"
Vivamos con una fe inquebrantable por encima de toda dificultad: las contrariedades nos fortalecen, los sacrificios nos purifican.

San Juan Bautista (24 de junio)

Día primero (15 de junio)
El Ángel dijo a Zacarías: "Isabel, tu esposa, te dará un hijo al que llamarás Juan. Él será para ti un motivo de gozo y de alegría, y muchos se alegrarán de su nacimiento, porque será grande a los ojos del Señor".
No busquemos glorias humanas. Seamos grandes a los ojos de Dios, y así ser motivo de alegría para los demás.

Día segundo (16 de junio)
El Ángel dijo a Zacarías: Juan "estará lleno del Espíritu Santo desde el seno de su madre, y hará que muchos israelitas vuelvan al Señor, su Dios".
Volvámonos cuanto antes hacia Dios con la ayuda del sacramento de la penitencia, y conservando siempre el Espíritu Santo en nuestra alma.

Día tercero (17 de junio)
Todos se decían: "¿Qué llegará a ser este niño?". Porque la mano del Señor estaba con Él".
Cumplamos siempre la voluntad del Señor, empezando por los Mandamientos; así nunca nos soltaremos de la mano del Señor y haremos cosas más grandes que las que Él hizo.

Día cuarto (18 de junio)
Juan anunció "un bautismo de conversión para el perdón de los pecados, como está escrito en el libro del profeta Isaías: Una voz grita en el desierto: Preparen el camino del Señor, allanen sus senderos".
Tomemos el camino de la conversión trabajando las virtudes cardinales: prudencia, justicia, fortaleza y templanza, que nos prepararán el camino del Señor y allanarán sus senderos.

Día quinto (19 de junio)
La gente preguntaba a Juan: "¿Qué debemos hacer entonces? Él les respondía: El que tenga dos túnicas, dé una al que no tiene; y el que tenga qué comer, haga otro tanto… No exijan más de lo estipulado… No extorsionen a nadie, no hagan falsas denuncias y conténtense con su sueldo".
Preguntémonos en todo momento qué debemos hacer para cumplir la voluntad de Dios y pongamos nuestras fuerzas para cumplirla.

Día sexto (20 de junio)
Jesús "se presentó a Juan para ser bautizado por él. Juan se resistía, diciéndole: Soy yo el que tiene necesidad de ser bautizado por ti, ¡y eres Tú el que viene a mi encuentro!".
Percibamos que el Señor viene a nosotros y dejemos todo egoísmo para recibir su gracia.

Día séptimo (21 de junio)
"Juan vio acercarse a Jesús y dijo: Este es el Cordero de Dios, que quita el pecado del mundo".
Reconozcamos al Señor en medio de este mundo viviendo en nuestra mente y en nuestro corazón la presencia del Señor en todo momento.

Día octavo (22 de junio)
"Herodes, en efecto, había hecho arrestar y encarcelar a Juan a causa de Herodías, la mujer de su hermano".
Defendamos el verdadero matrimonio, su indisolubilidad y la fidelidad, rechazando el adulterio. El mundo no nos comprenderá e incluso nos odiará. Tengamos la valentía de defender siempre la fe verdadera.

Día noveno (23 de junio)
Jesús dijo de Juan: "¿Qué salieron a ver entonces? ¿Un profeta? Les aseguro que sí, y más que un profeta. Él es aquel de quien está escrito: Yo envío a mi mensajero delante de ti para prepararte el camino. Les aseguro que no ha nacido ningún hombre más grande que Juan".
Seamos verdaderos mensajeros del Señor para preparar su camino, no solamente con una vida decente sino, más que decente, con una vida de santidad.

Santo Tomás apóstol (3 de julio)

24 de junio al 2 de julio: Oración inicial:
Para siempre han quedado
tus palabras en quien reza,
dirigidas con presteza
a Jesús resucitado:

"Señor mío y Dios mío"
a quien tanto yo ansío,
ya con fe no desconfío
y acato tu señorío.

Día primero (24 de junio)
Oración inicial
Como nos cuenta el primer capítulo de los hechos, Tomás y los demás discípulos perseveraban unánimes en la oración.
Perseveremos constantemente en la oración, recemos siempre y sin desfallecer.

Día segundo (25 de junio)
Oración inicial
Cuando Santo Tomás toca las heridas de Jesús, exclama "Señor mío y Dios mío".
Santo Tomás, reconoció a su Dios y a su Señor al contemplar sus heridas.
Entreguemos nuestra vida a imitación de Nuestro Señor, y así nuestras heridas, imitación de las suyas, nos conducirán a una fe firme.

Día tercero (26 de junio)
Oración inicial
Santo Tomás fue elegido por Nuestro Señor para ser uno de sus doce apóstoles.
El Señor puso una enorme confianza en Santo Tomás al elegirlo para esa importante misión.
Vivamos la vocación que Dios ha elegido para nosotros y respondamos fielmente a esa confianza que Él ha puesto en nosotros.

Día cuarto (27 de junio)
Oración inicial
Santo Tomás recorrió muchos lugares predicando el evangelio: Persia, Macedonia,… llegando hasta la India.
Santo Tomás llevó la buena nueva a muchas personas de muchos lugares.
Con nuestro ejemplo llevemos el mensaje del evangelio a nuestra familia, a nuestro prójimo y más allá.

Día quinto (28 de junio)
Oración inicial
Tomás no estaba con los demás discípulos cuando se apareció el Señor, y aunque se le anunció la Resurrección de Jesús, se negó a admitirla: "Si no veo en sus manos la señal de los clavos y meto mi dedo en el lugar de los clavos, y meto mi mano en su costado, no creeré." Ocho días después, Tomás toca con sus manos

las heridas del Señor y cree, pero fue recriminado por haber necesitado ver para creer.
Santo Tomás tuvo grandes dudas de fe.
Confiemos en Dios y superaremos nuestras dudas de fe, y así seremos bienaventurados por creer sin haber visto.

Día sexto (29 de junio)
Oración inicial
Durante la Última Cena, Jesús asegura a sus discípulos que conocen el camino al lugar a donde Él va a ir. Tomás, sin embargo, pregunta: "Señor, no sabemos a dónde vas; ¿cómo, pues, podemos saber el camino?". Jesús responde que Él es el camino, la verdad y la vida, y que solamente a través de Él conocerán al Padre.
Rechacemos las tentaciones, que quieren apartarnos del camino. El camino del cielo es estrecho pero nos conduce al Señor.

Día séptimo (30 de junio)
Oración inicial
Santo Tomás era llamado "Dídimo" que significa gemelo. Tenía pues un hermano gemelo y pudo ver en su hermano la imagen de sí mismo, pero sobre todo supo ser una imagen de Cristo con su propia vida.
Santo Tomás imitó a Cristo en sus virtudes.
Trabajemos hoy la virtud de la paciencia, que en tantas ocasiones se necesita.

Día octavo (1 de julio)
Oración inicial
Santo Tomás murió entregando su vida en martirio el 3 de julio del año 72.
Santo Tomás demostró su fe y su generosidad.
Entreguemos nuestra vida demostrando nuestra fe y generosidad, en el esfuerzo: obligaciones, trabajos y quehaceres de cada día.

Día noveno (2 de julio)
Oración inicial
Jesús está decidido a volver a Judea donde los esperan para apedrearlo, pero es Tomás quien dice la última palabra: "Vamos también nosotros, para que muramos por Él".
Santo Tomás fue valiente y decidido.
Seamos valientes en la adversidad y decididos en la lucha contra el pecado.

La Virgen del Carmen (16 de julio)

Día primero (7 de julio)
Oh Dios, Tú hiciste bajar fuego del cielo sobre las ofrendas del profeta Elías en el monte Carmelo para demostrar que Tú eres el Dios verdadero.
No flaqueemos en la fe y que nuestro corazón siempre arda con el fuego de nuestro amor a Dios, alimentándolo con la oración y la Eucaristía.

Día segundo (8 de julio)
Oh Dios, Tú hiciste caer ante el profeta Elías una gran lluvia sobre el monte Carmelo.
Ofrezcamos con profunda devoción cada Santa Misa para conseguir una gran lluvia de gracias sobre nuestra alma que inunden nuestro corazón de amor a Dios.

Día tercero (9 de julio)
Un grupo de ermitaños se estableció en el monte Carmelo y acabaron formando la orden de Nuestra Señora del Monte Carmelo.
Que la Virgen del Carmen sea para nosotros siempre refugio para que aumentando nuestra devoción hacia Ella podamos establecernos para siempre en el corazón de su Hijo.

Día cuarto (10 de julio)
La Virgen del Carmen se apareció a San Simón Stock y le dijo: "Recibe hijo mío este Escapulario de tu orden, que será de hoy en adelante señal de mi confraternidad, privilegio para ti y para todos los que lo vistan".
Virgen del Carmen, con la compañía de tu escapulario, concédenos el privilegio de protegernos de todo mal y de ayudarnos a evitar los peligros para nuestra alma.
Entablaremos una lucha más firme contra los enemigos del alma: el mundo, el demonio y la carne; sin permitirles que nos dominen.

Día quinto (11 de julio)
La Virgen del Carmen se apareció a San Simón Stock y le dijo del escapulario: "Quien muriese con él, no padecerá el fuego eterno".
Aborrezcamos el pecado, tanto por el temor al infierno como anhelando el cielo con la compañía de la Virgen del Carmen y la de su Hijo.

Día sexto (12 de julio)
La Virgen del Carmen se apareció a San Simón Stock y le dijo del escapulario: "Es una señal de salvación, amparo en los peligros del cuerpo y del alma, alianza de paz y pacto sempiterno".
Huyamos de las tentaciones y evitemos las imprudencias tanto corporales como espirituales para huir de los peligros de este mundo.

Día séptimo (13 de julio)
Virgen del Carmen, para señalar a los Carmelitas por especiales hijos tuyos, los enriqueciste con el santo escapulario vinculándolo a tantas gracias y favores.
Vivamos la virtud de la humildad de tal manera, que mostremos ser hijos dignos del Carmelo, agradecidos por los favores del Escapulario.

Día octavo (14 de julio)
Virgen del Carmen, que ejerces tu especial protección en la hora de la muerte a los que devotamente visten tu santo escapulario, para salir

de esta vida en gracia de Dios y librarse de las penas del infierno, ayúdanos en la hora de nuestra muerte, nos alcances verdadera penitencia, perfecta contrición de los pecados, encendido amor de Dios y ardiente deseo de verle y gozarle.

Virgen del Carmen, ruega por nosotros ahora y en la hora de nuestra muerte.

Estemos siempre preparados para la vida eterna acudiendo a la confesión con frecuencia.

Día noveno (15 de julio)
Virgen del Carmen, haz que llevando sobre nosotros el santo escapulario sintamos el abrazo de tu manto maternal.

Correspondamos con un corazón puro, como buenos hijos de la Virgen del Carmen, para que no deje de abrazarnos.

Santiago apóstol (25 de julio)

Día primero (16 de julio)
Santiago respondió de inmediato a la llamada de Jesús dejando la barca y a su padre.
Respondamos a su llamada sin demora.

Día segundo (17 de julio)
Santiago fue llamado por el Señor como hijo del trueno por tu carácter fuerte e impetuoso.
Rechacemos con fuerza toda tentación.

Día tercero (18 de julio)
Santiago al pedir que lloviera fuego del cielo se equivocó y fue reprendido por Nuestro Señor, aprendiendo la paciencia.
Reconozcamos y corrijamos nuestros errores, y seamos pacientes con los errores de los demás.

Día cuarto (19 de julio)
Santiago fue uno de los discípulos predilectos de Nuestro Señor, siendo testigo especial de la resurrección de la hija de Jairo.
Santiago, por tu cercanía con el Señor, intercede por nosotros. Oremos también nosotros intercediendo por los demás.

Día quinto (20 de julio)
Santiago, tras subir al monte, fuiste testigo predilecto de la Transfiguración de Nuestro Señor, y pudiste contemplar su rostro brillante como el sol.
Mantengámonos por encima de las cosas de este mundo, sin apegarnos a ellas, para poder contemplar algún día el brillante rostro de Nuestro Señor.

Día sexto (21 de julio):
Santiago, junto a tu hermano Juan, ante la pregunta de Nuestro Señor "¿Serán capaces de beber el cáliz que Yo voy a beber?" Respondisteis: "Sí somos capaces".

Seamos valientes y ante cualquier cruz vivamos la virtud de la fortaleza.

Día séptimo (22 de julio)
Santiago fue invitado a orar en el monte de los olivos en esos momentos angustiosos previos a la pasión de Nuestro Señor.
Sobrellevemos los momentos difíciles de nuestra vida acompañándolos con nuestra oración.

Día octavo (23 de julio)
Santiago perseveró en la oración, tras la Ascensión del Señor junto a los otros discípulos.
Oremos sin desfallecer.

Día noveno (24 de julio)
Santiago fue el primer apóstol mártir.
Entreguemos nuestra vida por los demás siendo generosamente los primeros en ayudar.

San Juan María Vianney, el cura de Ars
(4 de agosto)

Día primero (26 de julio)
Fe profunda: El santo cura de Ars, San Juan María Vianney, tuvo que luchar contra numerosos obstáculos y contradicciones, pero su fe ardiente le sostuvo en todas sus batallas.
Oigamos Misa y recemos para mejorar la fe que nos sostendrá en las dificultades.

Día segundo (27 de julio)
Confesor de almas: El santo cura de Ars sabía cuán importante era una buena confesión para la vida cristiana, dedicándole muchas horas al día.
Acudamos a la confesión no sólo para obtener el perdón de nuestros pecados sino también con el propósito de conversión.

Día tercero (28 de julio)
Amor al prójimo: el santo cura de Ars se sacrificó a sí mismo por su prójimo mediante el consuelo y la absolución, santificándoles hasta el límite de sus fuerzas.
Vivamos la caridad hasta el extremo.

Día cuarto (29 de julio)
Amor a la Eucaristía: El santo cura de Ars negaba la comunión a las almas que se negaban a reformarse, pero a las almas de buena voluntad les abría de par en par las puertas de la eucaristía.
Anhelemos la presencia real de Cristo en la Eucaristía y recibámoslo siempre con un corazón limpio.

Día quinto (30 de julio)
Aversión al pecado: El santo cura de Ars fue inflexible contra el pecado, pero muy amable con el pecador.

Tengamos un profundo dolor de nuestros pecados y un gran deseo de enmienda para volvernos a Dios que tanto nos ama.

Día sexto (31 de julio)
Confianza en Dios: El santo cura de Ars confió siempre y enteramente en el corazón de Dios.
Tengamos en los momentos difíciles una confianza filial y profunda en su Providencia.

Día séptimo (1 de agosto)
Trabajador incansable: El santo cura de Ars solía repetir en sus horas de abatimiento: "ya descansaré en la otra vida".
Evitemos toda pereza en nuestras actividades y trabajos.

Día octavo (2 de agosto)
Devoción a los santos: El santo cura de Ars rezó con devoción a Santa Filomena.
Refugiémonos en el santo cura de Ars para que con su intercesión podamos entrar en el cielo.

Día noveno (3 de agosto)
Luchador contra el demonio: El santo cura de Ars sufrió durante muchos años al demonio interrumpiendo su corto descanso pero siempre le ganó gracias a la mortificación y a la oración.
Seamos valientes ante los sufrimientos y constantes en la oración.

María, asumpta al cielo (15 de agosto)

Día primero (6 de agosto)
María permaneció ajena al pecado desde la concepción hasta llegar al cielo.
Deseemos estar siempre lejos del pecado y no olvidemos la confesión.

Día segundo (7 de agosto)
María, al ser presentada en el templo desde muy corta edad, fue aprendiendo las grandezas del cielo hasta llegar allá.
Deseemos conocer la verdad revelada conociendo mejor la doctrina cristiana para finalmente alcanzar un día las grandezas del cielo.

Día tercero (8 de agosto)
María fue llamada la llena de gracia en la Anunciación, y así fue como alcanzó el cielo.
Deseemos estar siempre en gracia y auméntemosla con la Comunión para llegar así al cielo.

Día cuarto (9 de agosto)
María visitó a Isabel subiendo presurosa a la montaña.
María, no dejes de bajar presurosa a nosotros desde el cielo para visitarnos en la necesidad.
Nosotros en la dificultad, por la oración, no dejaremos de visitarte a ti y también a tu Hijo en el Sagrario.

Día quinto (10 de agosto)
María se presentó en el templo con el niño Jesús para ofrecérselo al Padre, inmolándose humillada con la ley de la Purificación.
Vivamos la virtud de la humildad dispuestos a ofrecer a Dios todo lo que Él nos ha regalado.

Día sexto (11 de agosto)
María, en las bodas de Caná, estuvo pendiente para ayudar en la necesidad.
María, no dejes desde el cielo de estar pendiente de nosotros en nuestras necesidades.
Colaboremos nosotros con tu Hijo tal como nos pediste: haciendo lo que Él nos pida.

Día séptimo (12 de agosto)
María, en tu cuerpo purísimo llevaste al Salvador y para no conocer la corrupción del sepulcro fuiste asumpta a los cielos.
Vivamos la pureza que nos conduzca también hasta el cielo.

Día octavo (13 de agosto)
María, en quien Dios ha confiado los tesoros celestiales, sé protectora desde el cielo de cuantos vivimos en este valle de lágrimas.
Percibamos y disfrutemos esos tesoros celestiales en medio de las lágrimas de este mundo.
Conservemos el tesoro regalado de la gracia como anticipo de la alegría celestial.

Día noveno (14 de agosto)
Coincide con Virgen Reina (22 de agosto)
Día primero (14 de agosto)
María, al ser asumpta a los cielos, fue coronada como reina y señora de todo lo creado.
Ella gobierna nuestros corazones.
Seamos obedientes súbditos, obedeciendo los mandamientos de la Santa Madre Iglesia.

Día segundo (15 de agosto)
Coincide con Asunción fiesta
María, al ser asumpta a los cielos, fue coronada como reina y señora de todo lo creado.
Ella gobierna nuestras acciones para que te rindamos pleitesía, con la mayor reverencia y sumisión.
Que tu grandeza en el cielo nos lleve a crecer en humildad para sentir la necesidad de la conversión.

Día tercero (16 de agosto)
María, en las letanías, eres mencionada como Reina de los ángeles.
Envíanos a tus ángeles del cielo para que nos custodien y nos protejan.
Custodiemos y protejamos a nuestras familias con un espíritu puro, siguiendo el ejemplo de María Reina, la que daba calor al hogar de Nazaret.

Día cuarto (17 de agosto)
María, en las letanías, eres mencionada como Reina de los apóstoles.
Con el ejemplo de nuestra vida, evangelicemos al prójimo como apóstoles de tu Hijo.

Día quinto (18 de agosto)
María, en las letanías, eres mencionada como Reina de los mártires.
Llevemos la cruz de cada día en todo trabajo o dificultad.

Día sexto (19 de agosto)
María, en las letanías, eres mencionada como Reina de las vírgenes.
Vivamos la pureza en nuestras acciones y pensamientos.

Día séptimo (20 de agosto)
María, en las letanías, eres mencionada como Reina concebida sin pecado original.
Estemos siempre ajenos a la mancha del pecado, incluso del pecado venial.

Día octavo (21 de agosto)
María, en las letanías, eres mencionada como Reina de la paz.
Tengamos serenidad de espíritu ante dificultades y tentaciones; y paz interior en medio del combate cristiano.

Día noveno (22 de agosto: opción primera): coincide con su fiesta propia
Primer día de Santa Rosa de Lima, novena que si se reza hay que tomar ese día de Santa Rosa (la siguiente), y si no se reza de aquí
María, en las letanías, eres mencionada como Reina de todos los santos.
Mejoremos nuestra devoción a ti para perseverar siempre en el camino de santidad.

Santa Rosa de Lima (30 de agosto)

Día primero (22 de agosto: opción segunda): Coincide con María Reina (último día de la novena y día de la fiesta)
María, en las letanías, eres mencionada como Reina de todos los santos, y así la misma Santa Rosa de Lima, siendo aún pequeña, te rezaba cuando tomó la decisión de consagrarse.
Mejoremos nuestra devoción a María para perseverar siempre en el camino de santidad, siguiendo el ejemplo de Santa Rosa.

Día segundo (23 de agosto)
Rosa ingresó a la Orden Tercera de Santo Domingo, pero no existía un monasterio femenino en Lima, por lo que empleó el huerto de su casa como un lugar de retiro y contemplación.
Seamos perseverantes en la oración resolviendo todos los obstáculos que encontremos para orar.

Día tercero (24 de agosto)
Palabras de Santa Rosa: "Aparte de la cruz, no hay otra escalera por la que podamos llegar al cielo".
La cruz es el camino de la gloria.
Sobrellevemos las dificultades y trabajos de cada día con paz interior sabedores de que ese es el único camino que lleva hacia el cielo.

Día cuarto (25 de agosto)
Palabras de Santa Rosa: "El amor es duro, pero es nuestra esencia".
Como dijo Nuestro Señor: "Nadie demuestra más amor que aquel que da la vida por sus amigos".
Debemos demostrar nuestro amor a Dios a través de la dificultad de cumplir todos sus mandamientos.

Día quinto (26 de agosto)
El rostro de Rosa se encendía como un reflejo del sentimiento que embargaba su alma cuando se encontraba en el momento de la Comunión o cuando estaba en presencia del Santísimo Sacramento.
Tengamos una gran devoción y reverencia a la presencia Real de Cristo en la Eucaristía: en la Santa misa, en la Comunión, en la Exposición del Santísimo Sacramento, o estando junto al Sagrario.

Día sexto (27 de agosto)
Ante el peligro que surgió de que profanasen a Jesús Sacramentado, la gente quedó admirada al ver como Rosa, humilde doncella, se transformaba en valiente guerrera y arengaba a todos a ofrecer su vida en defensa del Santísimo Sacramento.
Seamos valientes en la lucha contra la tentación con ardor guerrero.

Día séptimo (28 de agosto)
No fue fácil para nuestra Santa hacer la voluntad de Dios. Ella sentía que Dios la llamaba toda para sí pero su familia buscaba casarla. Esto le supuso vencer dificultades, persecuciones y malos tratos de su familia y hasta de gente extraña.
Sigamos la voluntad de Dios y no nos dejemos llevar por el mundo, aunque sea sufriendo incomprensiones e injusticias.

Día octavo (29 de agosto)
Rosa no guardó rencor por ninguno de los que no comprendieron el camino que Dios le señalaba. Llevada siempre por la humildad incluso pidió perdón a todos por las molestias que hubiese causado.
Perdonemos de corazón y no guardemos nunca rencores o resentimientos.

Día noveno (30 de agosto)
Rosa pasó por tentaciones y pruebas, y experimentó sequedades en la oración y fatigas en su combate espiritual, entre otras cosas, pero siempre salió victoriosa por su cercanía con Dios.
Estemos siempre cerca de Dios para superar las pruebas espirituales con nuestro esfuerzo y la ayuda de la gracia.

Natividad de la Virgen María
(8 de septiembre)

Día primero (31 de agosto)
María, tú eres la única persona humana libre del pecado original: fuiste inmaculada desde la concepción.
Para parecernos a la Virgen María estando libres de pecado, luchemos y superemos, con la gracia de Dios, todas las tentaciones que nos presente nuestra concupiscencia.

Día segundo (1 de septiembre)
María, tú eres la única persona humana libre de todo pecado: No cometiste ningún pecado en toda tu vida.
Para parecernos a la Virgen María estando libres de pecado, con la gracia de Dios, anhelemos en nuestros corazones la pureza de alma de la Virgen María.

Día tercero (2 de septiembre)
María, tú eres la única persona humana llena de gracia. Así te llamó el arcángel Gabriel cuando se te presentó de parte de Dios.
Para parecernos a la Virgen María, aumentemos la gracia de Dios especialmente por la Comunión.

Día cuarto (3 de septiembre)
María, tú eres la persona humana más santa que todos los santos, y te veneramos más que a todos los santos.
Para parecernos a la Virgen María, no nos conformemos con una vida mediocre, y así anhelemos la santidad para parecernos más a Ella.

Día quinto (4 de septiembre)
María, nacisteis al mundo con la misión de ser la Madre de Jesús.
Para parecernos a la Virgen María, cumplamos la voluntad de Dios hasta en los más pequeños detalles de cada día, para que así seamos hermanos de su Hijo, por escuchar la palabra de Dios y ponerla en práctica.

Día sexto (5 de septiembre)
María, nacisteis al mundo para ser madre nuestra, así como lo fuiste del apóstol San Juan, por deseo de tu Hijo.
Para parecernos a la Virgen María, mientras

nos cuida como a hijos suyos, nosotros cuidaremos de Ella practicando una devoción cada vez mayor a nuestra Madre del cielo.

Día séptimo (6 de septiembre)
María, nacisteis al mundo en gracia, para ser madre de todos los que nacimos a la gracia por el bautismo.
Para parecernos a la Virgen María, conservemos nuestra alma en gracia para así estar contigo en el cielo; y caso de perderla, buscar recobrarla cuanto antes, por medio del sacramento de la Confesión.

Día octavo (7 de septiembre)
María, nacisteis al mundo para cuidar de Jesús.
Para parecernos a la Virgen María, hagamos, como nos pediste en Caná, lo que Él nos diga, y así siendo dóciles a sus enseñanzas nos cuides también a nosotros.

Día noveno (8 de septiembre) y día de la fiesta
María, nacisteis al mundo como la criatura más hermosa y perfecta.
Déjanos conocerte más para admirarnos de las grandes cosas que hizo en ti el que todo lo puede, y en el día de tu cumpleaños saberte regalar lo que más esperas de nosotros.

Triduo del dulce nombre de María
(12 de septiembre)

Día primero (10 de septiembre)
"Una virgen desposada con un hombre llamado José…; el nombre de la Virgen era María".
María significa Princesa y fue coronada al ser asumpta a los cielos como Reina de todo lo creado.
María, que tu poder y gloria siempre nos amparen para que en este valle de lágrimas te tengamos siempre como esperanza nuestra.

Dios te salve,
<u>Reina</u> y Madre
de misericordia,
vida, dulzura
y esperanza nuestra;
Dios te salve.
A Ti llamamos
los desterrados
hijos de Eva;
a Ti suspiramos,
gimiendo y llorando,
en este valle de lágrimas.
Ea, pues, Señora, abogada nuestra,
vuelve a nosotros
esos tus ojos
misericordiosos;
y después de este destierro

muéstranos a Jesús,
fruto bendito de tu vientre.
¡Oh clementísima,
oh piadosa,
oh dulce siempre Virgen María!
Ruega por nosotros, Santa Madre de Dios.
Para que seamos dignos de alcanzar las promesas de Nuestro Señor Jesucristo.

Día segundo (11 de septiembre)
"Una virgen desposada con un hombre llamado José…; el nombre de la Virgen era María".
María significa Señora, y por tanto, es dueña de nosotros.
María, protégenos como posesión tuya para que todo nuestro ser demuestre, en el quehacer diario, nuestro filial afecto hacia Ti.

¡Oh Señora mía! ¡Oh Madre mía!
Yo me ofrezco enteramente a ti
y en prueba de mi filial afecto
te consagro en este día,
mis ojos, mis oídos,
mi lengua, mi corazón;
en una palabra, todo mi ser,
ya que soy todo tuyo.
Oh Madre de bondad,
guárdame y defiéndeme
como cosa y posesión tuya.

Día tercero (12 de septiembre)
"Una virgen desposada con un hombre llamado José…; el nombre de la Virgen era María".
María significa doncella. María es madre y es Virgen. María es la purísima.
María, ayúdanos a ser prudentes para tener un alma pura como la tuya y que en los momentos de tentación estés siempre a nuestro lado.

Bendita sea tu pureza
y eternamente lo sea,
pues todo un Dios se recrea
en tan graciosa belleza.
A Ti, celestial Princesa,
Virgen Sagrada María,
yo te ofrezco en este día
alma, vida y corazón.
Mírame con compasión,
no me dejes, Madre mía.

Padre Pío (23 de septiembre)
Días 21-22 coincide con novena a San Miguel

Primer día (14 de septiembre)
Palabras del padre Pío: "Hijos míos, los bendigo. Nada teman. Sigan los caminos estrechos, del amor, la cruz y la oración. El sufrimiento redime y alivia cuando es ofrecido en la gracia de Dios y con amor. Aprovechen las enseñanzas que reciben, que son un don del cielo".

Segundo día (15 de septiembre)
Palabras del padre Pío: "Reanímense, hijos, pues sólo por medio de la cruz se llega al Cielo; no hay un camino sembrado de rosas, son las espinas las que nos acompañan a lo largo de los senderos de la vida. Ánimo y adelante, es una dura batalla la que deben sostener, pero nunca están solos".

Tercer día (16 de septiembre)
Palabras del padre Pío: "Jóvenes, no es difícil hablarles de los peligros de su mundo tan lleno de superficialidad y de mezquindad. Yo, sin embargo, les hablo de los peligros con una sola palabra: Cuídense del pecado, único mal verdadero, porque lleva a la ruina eterna".

Cuarto día (17 de septiembre)
Palabras del padre Pío: "Ahora los bendigo y con ustedes a todos sus deseos, sus aspiraciones y sus obras. Continúen sus obras de bien con renovado fervor. Amen a todo el mundo y sigan siendo generosos con todos y no olviden que la providencia vela por cada uno, pero que es pródiga con los generosos".

Quinto día (18 de septiembre)
Palabras del padre Pío: "¡Oh!, ¡el cielo, hijos!, ¡cómo me gustaría mostrarles algo de este cielo en que se goza de una felicidad sin límites! Hi-

jos míos, que el sufrimiento nunca les parezca excesivo, porque comparado con él la gloria eterna es muy grande".

Sexto día (19 de septiembre)
Palabras del padre Pío: "Todos podemos ser útiles en la Iglesia. La Iglesia que sufre, que reza, que llora, está aquí representada por ustedes, y ayudada por ustedes obtendrá su triunfo. La Iglesia es Madre y ustedes son sus hijos. Amen a la Iglesia. Hagan suyas sus lágrimas y sus súplicas".

Séptimo día (20 de septiembre)
Palabras del padre Pío: "Hijos míos, quiero alentarlos a que continúen su vida de amor a Dios y a la Santísima Virgen. Que en sus corazones resuene un himno incesante de acción de gracias a Dios, que los ama con predilección y les manifiesta tanta piedad y misericordia".

Octavo día (21 de septiembre).
Y San Miguel (primer día)
Palabras del padre Pío: "Amen a la Iglesia, a pesar de las imperfecciones de sus miembros. Siempre es infalible en su doctrina e impecable en su moral. Amen a la Iglesia, oren y sacrifíquense por ella. Sean testigos de Cristo... que es el Fundador de la Iglesia y honren a nuestra mamá del Cielo".

San Miguel, defiéndenos… *(ver abajo)*

Noveno día (22 de septiembre)
Y San Miguel (segundo día)
Palabras del padre Pío: "Cada uno tiene sus dificultades que Cristo nos ayudará a superar. Cada uno tiene buena voluntad para suprimir los defectos a que están sujetas todas las criaturas, pero cada uno de ustedes debe tener la certeza de que no están solos, porque, junto a ustedes con el Señor Dios y su Madre que les dan la mano, estoy yo que soy su Padre espiritual".
San Miguel, defiéndenos… *(ver abajo)*

San Miguel (29 de septiembre)
21 y 22 como oración final de la novena del Padre Pío

21 al 29 de septiembre
San Miguel, defiéndenos en la lucha.
Sé nuestro amparo
contra la perversidad
y asechanzas del demonio;
que Dios humille su soberbia.
Y tú, príncipe de la milicia celeste,
arroja al infierno a Satanás
y demás espíritus malignos
que vagan por el mundo
para perdición de las almas.
Amén.

Triduo a San Francisco de Asís
(4 de octubre)

Día primero (1 de octubre):
San Francisco, serafín abrasado y amante de la cruz, que fuisteis favorecido por Jesús con la impresión de las sagradas llagas en vuestro cuerpo, alcanzadme que, incesantemente y con profunda ilusión, lleve la cruz de cada día, y realice frutos dignos de penitencia por todos mis pecados.

Día segundo (2 de octubre):
San Francisco, que fuisteis tan humilde, pobre y obediente, guiadme por la senda de las virtudes para reconocer humildemente mis pecados, para entregar en pobreza mi vida si reservarme nada, y para ser siempre obediente a la voluntad de Dios.

Día tercero (3 de octubre):
San Francisco, auxilio de los que os invocan, que por querer de Dios libráis del Purgatorio las almas de vuestros hijos y lográis su entrada en el Paraíso, hacedme verdadero hijo vuestro, para que merezca siempre vuestra valiosísima protección y así no caiga ni siquiera en el pecado venial que me haría merecedor de las penas del Purgatorio.

Santa Teresa de Jesús (15 de octubre)

Día primero (6 de octubre)
Palabras de Santa Teresa de Jesús:
"Nada te turbe;
nada te espante;
Todo se pasa;
Dios no se muda;
la paciencia
todo lo alcanza.
Quien a Dios tiene,
nada le falta.
Sólo Dios basta".
Pongamos nuestra confianza plenamente en Dios, especialmente en los momentos más difíciles.

Día segundo (7 de octubre)
Palabras de Santa Teresa de Jesús:
"Dichoso el corazón enamorado
que en sólo Dios ha puesto el pensamiento,
por Él renuncia todo lo criado,
y en Él halla su gloria y su contento.
Aún de sí mismo vive descuidado,
porque en su Dios está todo su intento,
y así alegre pasa y muy gozoso
las ondas de este mar tempestuoso".
Pongamos nuestro corazón plenamente en Dios en medio de las tempestades que nos amenazan en nuestra vida.

Día tercero (8 de octubre)
Palabras de Santa Teresa de Jesús:
"Vivo sin vivir en mí,
y de tal manera espero,
que muero porque no muero.
Vivo ya fuera de mí
después que muero de amor;
porque vivo en el Señor,
que me quiso para sí;
cuando el corazón le di
puse en él este letrero:
que muero porque no muero".

Anhelemos siempre a Dios y busquémoslo con la perseverancia de quien no puede vivir sin Él.

Día cuarto (9 de octubre)
Palabras de Santa Teresa de Jesús:
"Esta divina prisión
del amor con que yo vivo
ha hecho a Dios mi cautivo,
y libre mi corazón;
y causa en mí tal pasión
ver a Dios mi prisionero,
que muero porque no muero".

Luchemos siempre por no caer en la esclavitud del pecado haciéndonos prisioneros de los vicios, y así podamos siempre retener a Dios de nuestro corazón.

Día quinto (10 de octubre)
Palabras de Santa Teresa de Jesús:
"¡Ay, qué larga es esta vida!
¡Qué duros estos destierros,
esta cárcel, estos hierros
en que el alma está metida!
Sólo esperar la salida
me causa dolor tan fiero,
que muero porque no muero".

Difícil y larga se nos hace la vida siendo peregrinos en este mundo, como una mala noche en una mala posada, pero que al final todo pasa. Sobrellevemos las cargas de cada día con paciencia.

Día sexto (11 de octubre)
Palabras de Santa Teresa de Jesús:
"¡Ay, qué vida tan amarga
do no se goza el Señor!
Porque si es dulce el amor,
no lo es la esperanza larga.
Quíteme Dios esta carga,
más pesada que el acero,
que muero porque no muero".

Vivamos con nuestra mirada en las cosas del cielo, y no en las de la tierra. Así llevaremos las amarguras de este mundo con la esperanza de quien sabe que el dulce amor de Jesús le espera.

Día séptimo (12 de octubre)
Palabras de Santa Teresa de Jesús:
"Sólo con la confianza
vivo de que he de morir,
porque muriendo, el vivir
me asegura mi esperanza.
Muerte do el vivir se alcanza,
no te tardes, que te espero,
que muero porque no muero".
Vivamos la virtud de la esperanza combatiendo en este mundo, sabedores de contar con la ayuda de la gracia.

Día octavo (13 de octubre)
Palabras de Santa Teresa de Jesús:
"Mira que el amor es fuerte,
vida, no me seas molesta;
mira que sólo te resta,
para ganarte, perderte.
Venga ya la dulce muerte,
el morir venga ligero,
que muero porque no muero".
Entreguemos diariamente nuestra vida en cada detalle para conseguir vivir con Dios.

Día noveno (14 de octubre)
Palabras de Santa Teresa de Jesús:
"Vida, ¿qué puedo yo darle
a mi Dios, que vive en mí,
si no es el perderte a ti

para mejor a Él gozarle?
Quiero muriendo alcanzarle,
pues tanto a mi Amado quiero,
que muero porque no muero".

Como peregrinos en este mundo, vivamos en Cristo la virtud de la caridad, y así gozándonos ya de Él en esta vida, poder alcanzarlo a Él plenamente en el cielo.

San Antonio María Claret (24 de octubre)

Día primero (15 de octubre)
Desde su infancia, san Antonio se distinguió por su inocencia, que cultiva con una tierna devoción a la Santísima Virgen y a la Eucaristía. Acudía al templo a los pies de la imagen de María o del sagrario. Así santificó su infancia y conservó intacta la inocencia bautismal.
Con celo conservemos la inocencia como el más grande de los tesoros, y si la perdemos recuperémosla inmediatamente por la Confesión.

Día segundo (16 de octubre)
San Antonio fue siempre un trabajador infatigable: predicando, confesando, estudiando, escribiendo,... al tiempo que haciendo oración. Sólo por su inmenso y asiduo trabajo pueden explicarse las muchas obras que realizó en su vida.
Santifiquemos nuestra vida en la práctica de las obligaciones de nuestro estado.

Día tercero (17 de octubre)
¡Qué fidelidad la de San Antonio al consejo de sus directores, a la voluntad de su Superior eclesiástico! Por corresponder a ella, va a Roma, emprende las misiones, va a los pueblos que se le señalan, acepta el arzobispado y después el cargo de confesor real.
Seamos siempre dóciles a las celestes inspiraciones, para que, aun a costa de dolorosos sacrificios, sepamos servir al Señor en el puesto en que Él quiere que le glorifiquemos.

Día cuarto (18 de octubre)
San Antonio tuvo siempre un gran celo por salvar almas, que le llevó a misiones, predicaciones, libros, asociaciones… siempre acompañadas del buen ejemplo.
Llevemos a Dios a nuestros hermanos extraviados, con la palabra, el ejemplo y la oración, siendo así verdaderos testigos y apóstoles de Cristo.

Día quinto (19 de octubre)
San Antonio cultivó siempre la oración todos los días. Rezaba diariamente el Rosario, el Vía crucis y muchas otras devociones. Visitaba diariamente el Santísimo Sacramento. Por los caminos, rezaba distintas devociones.
Mediante la oración aprendamos a vivir cristianamente santificando nuestras obras.

Día sexto (20 de octubre)
San Antonio se entregaba a la penitencia: comía poco y dormía muy poco, y la mayoría de las veces recostado en una silla; realizaba siempre los viajes a pie, e incluso fue calumniado y perseguido.
Alcancemos el espíritu de penitencia con que sepamos dominar las pasiones, huir de los falsos halagos del mundo y seguir a Jesús por el camino de la cruz.

Día séptimo (21 de octubre)
San Antonio realizaba actos públicos de humildad, como servir a otros en la mesa o hacer los oficios más abyectos; fue práctica frecuente de toda su vida e incluso sufrió muchas calumnias en silencio.
Alcancemos la humildad de corazón, con la que sepamos combatir la soberbia de la vida.

Día octavo (22 de octubre)
San Antonio predicó incansable las glorias de María y propagó las prácticas de su devoción. Rezaba las tres partes del Rosario todos los días.
Alcancemos para con nuestra Madre, verdadera piedad de hijos; que conozcamos sus grandezas y excelencias, y que sintamos el atractivo de su corazón maternal.

Día noveno (23 de octubre)
San Antonio María Claret celebraba fervorosamente la santa Misa y de mil modos practicaba su devoción para con la Eucaristía. ¡Cómo deseaba unirse con Jesús!
San Antonio María Claret, alcánzanos una ardentísima devoción a este santo misterio.
¡Que lo veneremos con fe, que lo recibamos, con amor, y que sea siempre nuestro alimento espiritual!

Todos los Santos (1 de noviembre)

Día Primero (24 de octubre)
Coincide con la fiesta de San Antonio María Claret
Santos Pastores, que como San Antonio María Claret, os entregasteis a cuidar del pueblo cristiano con paternal cuidado, ayudadnos a ser dóciles a la voluntad de Dios siguiendo vuestro ejemplo.
¡Seamos dóciles a la voluntad de Dios y así enseñaremos a los demás el camino que conduce hacia el cielo!

Día segundo (25 de octubre)
Santos, que como San José, que con sumo cuidado guio a su Sagrada Familia, con su servicio y entrega diaria en el trabajo, ayudadnos a vivir

cada día con la misma entrega en favor de los demás.

¡Esforcémonos, como San José, en nuestras tareas cotidianas sirviendo a los demás, como si se tratasen de la Virgen María y el Niño Jesús!

Día tercero (26 de octubre)
Santos Ángeles, que como San Miguel, habéis combatido contra el demonio y vencido siempre, ayudadnos a superar todas las tentaciones con nuestro esfuerzo y vuestra ayuda. Cuidadnos y libradnos de todo mal. Protegednos en las contrariedades y amparadnos contra las perversidades. Acompañadnos a todas horas y guiadnos con vuestros sabios consejos. Custodiadnos, defendednos, e interceded por nosotros ante Dios.

¡Luchemos contra las tentaciones para mantener un alma angelical!

Día cuarto (27 de octubre)
Santos Mártires, que como San Pablo, combatisteis el buen combate y conservasteis la fe, ganando la corona merecida, ayudadnos a que también nosotros podamos alcanzarla esperando con amor su venida llevando la cruz de cada día.

¡Seamos pacientes y perseverantes en la lucha y luchemos contra el pecado hasta la sangre!

Día sexto (28 de octubre)
San Simón y San Judas
Santos Apóstoles, que como San Simón y San Judas, predicasteis con vuestra vida el mensaje del evangelio, ayudadnos, con vuestra compañía, a dar ejemplo de vida cristiana.
¡Difundamos con una vida santa el mensaje del evangelio a toda creatura!

Día quinto (29 de octubre)
Santas Vírgenes, que como Santa Inés, supisteis vivir la pureza hasta el extremo de entregar la vida por ello, ayudadnos a vivir la pureza.
¡Tengamos un corazón puro para alcanzar la bienaventuranza de ver a Dios!

Día séptimo (30 de octubre)
Santos Religiosos, que como San Francisco de Asís, se entregaron a Cristo por el Reino de los Cielos, acompañadnos en el diario vivir para saber entregarnos a Dios en nuestras tareas cotidianas.
¡Aprovechemos los detalles pequeños como parte del camino de santidad!

Día octavo (31 de octubre)
Santa Virgen María, Reina de todos los Santos, siendo Madre nuestra, cuídanos y protégenos para que con todos los santos nos lancemos en

la carrera de la fe para que alcancemos la meta de gozar de tu compañía en el cielo.
¡Dirijamos nuestras oraciones con frecuencia a nuestra Madre del cielo!

Día noveno (1 de noviembre)
Todos los santos del cielo, los que conocemos y los que no conocemos, y aunque viviendo vidas diferentes, todos llegasteis a amar profundamente a Dios, sed nuestros intercesores en nuestra vida diaria y cuidadnos para luchar por alcanzar la santidad a la que hemos sido llamados y así encontrarnos todos en el cielo.
¡Vivamos con humildad, lejos del orgullo y la vanidad! ¡Busquemos a Dios con sencillez de corazón, alejándonos de toda soberbia!

**San Alberto Magno (15 de noviembre)
La novena de Cristo Rey comienza entre 11 y 17 de noviembre.
Si coinciden poco o mucho, elegir cuál rezar.**

Día primero (6 de noviembre)
San Alberto se dedicó profundamente al estudio, haciéndolo totalmente compatible con el desarrollo de su vida espiritual.
Cumplamos con nuestras obligaciones sin por ello descuidar el progreso de nuestra vida espiritual.

Día segundo (7 de noviembre)
San Alberto encontró dificultades en su propia familia que no lo querían en la vida religiosa, pero nada le impidió recibir el hábito religioso y la ordenación sacerdotal.
Superemos las malas influencias a nuestro alrededor y dejemos las malas compañías, siguiendo siempre la voluntad de Dios.

Día tercero (8 de noviembre)
San Alberto se dedicó profundamente al estudio, especialmente de las ciencias naturales: física, química, biología, astronomía…
Veamos en la naturaleza las huellas del Creador, para que la ciencia, siendo coherente con la fe, nos permita creer más firmemente.

Día cuarto (9 de noviembre)
San Alberto se dedicó profundamente al estudio de la filosofía y la teología aportando todo un sistema de pensamiento que aún está presente en la Iglesia.
Profundicemos en las verdades de nuestra fe para así conocer mejor a Dios y amarlo más.

Día quinto (10 de noviembre)
San Alberto se dedicó a muy diversas tareas: predicación, organización de la Iglesia, enseñanza…
Aprovechemos todos los talentos que hemos

recibido, aprovechando el tiempo y dejando toda pereza, siendo diligentes en nuestro obrar.

Día sexto (11 de noviembre)
San Alberto, siendo joven, sintió desaliento en sus estudios, pero lo superó con creces, siendo nombrado doctor de la Iglesia.
Mantengamos la esperanza en los momentos de dificultad y esforcémonos en la lucha diaria poniendo nuestra confianza en Dios.

Día séptimo (12 de noviembre)
San Alberto vio en la naturaleza la obra buena de un Creador, sabio y amoroso, transformando el estudio científico en un himno de alabanza.
Que cada labor que realicemos la trabajemos de la mejor manera posible, conscientes de que cada una de ellas es una alabanza que dirigimos a Dios.

Día octavo (13 de noviembre)
Palabras de San Alberto: "Nada es más útil, nada es más dulce, nada más saludable, nada más amable, nada más parecido a la vida eterna que la Santa Eucaristía".
Amemos la Eucaristía: encontremos sus beneficios, percibamos su dulzura y saboreemos ya por adelantado un poco de la vida eterna en el cielo.

Día noveno (14 de noviembre)
San Alberto encontró dificultad en sus primeros años de estudios, pero rendido y decidido a abandonarlos se le apareció la Virgen y le dijo: ¿Por qué... no me rezas a mí que soy "Trono de Sabiduría"?. Desde ese momento su dificultad quedó superada con creces.
Mejoremos nuestra devoción a la Virgen María para que Ella que es "Refugio de los pecadores" no permita que nos rindamos al pecado y, con su sabiduría, nos asista con creces guiándonos por el buen camino.

Cristo Rey (entre 20 y 26 de noviembre)
Novena a San Alberto Magno termina el 14

Día primero (viernes, semana 32)
(entre 11 y 17 de noviembre)
El arcángel Gabriel dijo: "Vas a concebir en el seno y vas a dar a luz un hijo, a quien pondrás por nombre Jesús. El será grande y será llamado Hijo del Altísimo, y el Señor Dios le dará el trono de David, su padre; reinará sobre la casa de Jacob por los siglos y su reino no tendrá fin".
Cristo Rey, que viniste para reinar eternamente, ayúdanos a que nos sometamos siempre y eternamente a tus leyes.
Cumplamos sus mandamientos y su divina voluntad, como súbditos suyos.

Día segundo (sábado, semana 32)
Dijeron los Reyes Magos: ¿Dónde está el Rey de los judíos que ha nacido? Porque vimos su estrella en el oriente y hemos venido a adorarle.
Cristo Rey, Tú que siendo Rey viniste a este mundo de forma tan humilde, así que los Reyes Magos se postraron humildemente para adoraros, ayudadnos a vivir la grandeza de ser los últimos y servidores de todos.
Vivamos con verdadera humildad ante el Rey de reyes.

Día tercero (domingo, semana 33)
Natanael dijo: Rabí, Tú eres el Hijo de Dios, Tú eres el Rey de Israel.
Cristo Rey, que fuiste reconocido por Natanael, en quien no hay engaño, como Rey de Israel, ayúdanos a que siempre te reconozcamos como Rey huyendo de los engaños.
Vivamos la sinceridad ante el Rey de Israel.

Día cuarto (lunes, semana 33)
"Tomaron hojas de las palmas y salieron a recibirle, y gritaban: ¡Hosanna! Bendito el que viene en el nombre del Señor, el Rey de Israel".
Cristo Rey, ayúdanos a que como Rey nuestro nunca nos falte la debida adoración que mereces y siempre te demos el culto debido en la Santa Misa.
Adoremos al Rey de Israel en la Santa Misa.

Día quinto (martes, semana 33)
"Jesús compareció delante del gobernador, y éste le interrogó, diciendo: ¿Eres Tú el Rey de los judíos? Y Jesús le dijo: Tú lo dices".
Cristo Rey, que confirmaste tu realeza ante las autoridades civiles, ayúdanos a colaborar para que el mundo reconozca tu poder sobre cualquier otro poder de este mundo.
Que el Rey de los judíos sea siempre lo primero en nuestra vida y en nuestra sociedad.

Día sexto (miércoles, semana 33)
Pilato dijo: ¿Queréis que os suelte al Rey de los judíos?
Cristo Rey, que siendo Rey del universo aceptaste humildemente ser apresado y ajusticiado para conseguirnos un camino de salvación, ayúdanos a sobrellevar las injusticias con paciencia para llegar a tu Reino.
No perdamos la esperanza en el Rey, nuestro Salvador, en los momentos de dificultad e injusticia.

Día séptimo (jueves, semana 33)
"Pusieron sobre su cabeza la acusación contra Él, que decía: Este es Jesús, el Rey de los Judíos".
Cristo Rey, Tú que reinaste en la cruz en total pobreza dando hasta la vida, ayúdanos a ser pobres de espíritu para alcanzar la bienaventuran-

za de poseer el Reino de los cielos junto a Ti. Vivamos junto al Rey sin vanidades.

Día octavo (viernes, semana 33)
Dijo el ladrón arrepentido: "Señor, acuérdate de mí cuando entres en tu reino". Y respondió Jesús: "En verdad te digo que hoy estarás conmigo en el paraíso".
Cristo Rey, ayúdanos a arrepentirnos de nuestros pecados y a alcanzar el perdón, para poder estar contigo en el Reino de los cielos, un reino eterno y universal: el reino de la verdad y de la vida, el reino de la santidad y de la gracia, el reino de la justicia, del amor y de la paz.
Tengamos un verdadero dolor de los pecados y busquemos la Confesión, puerta del Reino.

Día noveno (sábado, semana 33)
(entre 19 y 25 de noviembre)
Dijo San Pablo: "Dios le exaltó y le otorgó el Nombre, que está sobre todo nombre para que al nombre de Jesús toda rodilla se doble en los cielos, en la tierra y en los abismos, y toda lengua confiese que Cristo Jesús es Señor para gloria de Dios Padre".
Cristo Rey, que reinas en todo el universo, ayúdanos a confesar siempre tu nombre y hacer siempre tu voluntad para que reines también en nuestros corazones. Venga a nosotros tu Reino.
Dejemos que Cristo Rey guíe nuestra vida.

Índice

Inicio	Nombre	Fiesta	Pág
29-11	La Inmaculada	8-12	5
9-12	Virgen de Guadalupe	12-12	9
15-12	Navidad	25-12	11
28-12	Reyes Magos	6-1	14
15-1	San Francisco de Sales	24-1	17
24-1	Presentación	2-2	20
2-2*	Ntra. Sra. de Lourdes	11-2	23
5-2a20-3*	Cuaresma	22-3a25-4	27
22-2*	Catedra de San Pedro	22-2	27
10-3*	San José	19-3	42
19-3*	San José (un solo día)	19-3	27
25-3*	La Anunciación	25-3	28
20-4*	Santa Catalina de Siena	29-4	45
1-5**	Mes de mayo	31-5	48
4-5**	Virgen de Fátima	13-5	48
15-5**	María Auxiliadora	24-5	52
24-5**	Visitación	31-5	54
4-6	San Antonio de Padua	13-6	57
15-6	San Juan Bautista	24-6	60
24-6	Santo Tomás apóstol	3-7	63
7-7	Virgen del Carmen	16-7	66
16-7	Santiago	25-7	69
26-7	San Juan María Vianney	4-8	71
6-8	Asunción	15-8	74
14-8	Virgen Reina	22-8	76
22-8	Santa Rosa de Lima	30-8	78
31-8	Natividad Virgen María	8-9	81
10-9	Dulce nombre de María	12-9	84
14-9	Santo Padre Pío	23-9	86
21-9	San Miguel arcángel	29-9	88
1-10	San Francisco de Asís	4-10	90

Inicio	Nombre	Fiesta	Pág
6-10	Santa Teresa de Jesús	15-10	91
15-10	San Antonio María Claret	24-10	95
23-10	Todos los Santos	1-11	98
6-11***	San Alberto Magno	15-11	101
11a17-11***	Cristo Rey	20a26-11	104

Novenas que se pueden solapar en:

* Cuaresma: Las señaladas están aparte de cuaresma y podrían coincidir con ella. Si coinciden se puede elegir una de las dos: ésa o la de cuaresma. Se propone elegir las que no son cuaresma y cuando no haya ninguna tomar la de cuaresma.

** Mayo: Las señaladas están incluidas dentro del mes de Mayo, por lo que forman parte del mes y se rezan como parte de ese mes. No habrá, por tanto, que elegir entre ellas.

*** Cristo Rey: San Alberto, que se celebra el 15 de noviembre, es una novena distinta de Cristo Rey, que no tiene una fecha fija, pues podría empezar entre el 11 y el 17. Podrían no solaparse, pero si se solapan mucho habrá que elegir una de las dos o bien leer las dos.

Novenas que van de acuerdo al evangelio del día, por lo que no deben ser trasladadas a otro día:
- Navidad
- Cuaresma

www.ingramcontent.com/pod-product-compliance
Lightning Source LLC
Chambersburg PA
CBHW050732010526
44107CB00010B/819